中国有色金属工业协会专家委员会组织编写

有色金属系列丛书

中国钽业

北京
冶金工业出版社
2015

内容提要

本书全面介绍了钽工业涉及的各个方面，除了介绍钽工业的发展过程、钽的基本性质和用途外，还重点阐述了钽的资源与开发、生产工艺和技术、技术进步与创新、全球钽的工业生产与市场消费。此外，还介绍了钽资源的综合利用、“三废”治理、职业安全与健康、分析检测技术、资本运营、钽行业相关政策法规和相关组织等方面的情况。

本书简明扼要，深入浅出，适合关注、从事钽工业的社会各界人士阅读。

图书在版编目(CIP)数据

中国钽业/中国有色金属工业协会主编．—北京：冶金工业出版社，2015.4

（有色金属系列丛书）

ISBN 978-7-5024-6876-7

Ⅰ.①中…　Ⅱ.①中…　Ⅲ.①钽—有色金属冶金—冶金工业—中国　Ⅳ.①F426.32

中国版本图书馆 CIP 数据核字（2015）第 057823 号

出 版 人　谭学余
地　　址　北京市东城区嵩祝院北巷 39 号　邮编　100009　电话　(010)64027926
网　　址　www.cnmip.com.cn　电子信箱　yjcbs@cnmip.com.cn
责任编辑　张熙莹　美术编辑　彭子赫　版式设计　孙跃红
责任校对　李　娜　责任印制　马文欢
ISBN 978-7-5024-6876-7
冶金工业出版社出版发行；各地新华书店经销；三河市双峰印刷装订有限公司印刷
2015 年 4 月第 1 版，2015 年 4 月第 1 次印刷
148mm×210mm；7.875 印张；154 千字；229 页
32.00 元

冶金工业出版社　投稿电话　(010)64027932　投稿信箱　tougao@cnmip.com.cn
冶金工业出版社营销中心　电话　(010)64044283　传真　(010)64027893
冶金书店　地址　北京市东四西大街 46 号(100010)　电话　(010)65289081(兼传真)
冶金工业出版社天猫旗舰店　yjgy.tmall.com

《有色金属系列丛书》
编辑委员会

《中国钽业》编辑委员会

序

为适应有色金属工业发展的需要，普及和提高有色金属知识，提升全国有色金属战线广大干部职工的思想业务素质，促进我国从有色金属生产大国向有色金属工业强国的转变，中国有色金属工业协会组织编写了《中国铜业》等《有色金属系列丛书》（共 21 本）。《丛书》集中了全行业的智慧和力量，汇集了当今中国乃至世界有色金属领域的最新知识和信息，深入浅出，通俗易懂，融知识性、实用性为一体，是社会各界学习和提高有色金属知识的好教材和实用工具书。

有色金属是经济社会发展必不可少的基础材料和重要战略物资。有色金属作为功能材料和结构材料而广泛应用于人类生活的各个领域，成为当今高新技术发展和国防军工的重要支撑。有色金属的生产和消费水平已经成为衡量一个国家社会进步的重要标志。

中国是生产有色金属品种最全的国家，门捷列夫化学元素周期表中的64种元素的有色金属都能生产。中国是世界生产和消费有色金属最多的国家，到2011年十种有色金属产量已达3438万吨(快报数)，连续10年位居世界第一，年消费有色金属已达3580万吨以上，连续9年位居世界第一。目前全国已有有色金属企业、事业单位3万多家，就业人员360多万。

有色金属涵盖的金属品种多。在元素周期表中，除了黑色金属铁、锰、铬，锕系和超锕系放射性金属元素外，余下64种都为有色金属元素。有色金属成矿条件复杂，矿床类型多样，矿体形态变化大，元素组合多样，勘探难度大，而且需要综合勘探、综合评价。有色金属结构复杂，多种矿物相嵌共伴生关系密切，选矿和冶炼的技术、装备复杂，工艺流程长。有色金属应用领域广，用途千差万别，材料的研制和加工复杂。有色金属元素在原矿中含量低，富集比都在几十、几百、几千甚至几万以上，导致在采矿、选矿和冶炼过程中固体废物多，节能环保压力大，工艺技术复杂。综合上述不难看出，有色金属产业是固体矿产资源开发利用领域最复杂的产业，有色金属知识领域宽广、博大精深。

建设现代化的有色金属工业强国是全行业360多万职工为之奋斗的目标。我相信，《丛书》的出版发行，对增进全社会对有色金属工业的了解，推动全行业广大干部职工学习和掌握有色金属知识必将发挥积极重要的作用。让我们行动起来，为促进我国有色金属工业的持续、稳定发展，为实现有色金属工业发展的既定目标而奋勇前进。

中国有色金属工业协会会长 陈全训

2012年8月于北京

前　言

自从1802年发现“tantalum”（钽）元素以来，直至20世纪中期，钽才真正得到工业化规模应用。由于其自身特有的技术特性，钽在航空航天发动机、化工防腐、硬质合金、原子能工业及医疗领域等得到大量应用。进入20世纪80年代以后，现代通信的快速发展对电容器小型化和高可靠性的要求越来越严格，技术进步推进了钽粉比容的快速提升，进而推动了钽电容器产量迅速增长，到2000年全球钽电容器的销售量达到了近250亿只。

中国钽工业从20世纪50年代中期开始起步，大致经过了三个发展阶段，逐步建立起了从采矿、选矿、冶炼、加工到应用的较为完整的具有独立知识产权的工业体系。特别是改革开放以来，中国钽工业的研究水平和生产规模都取得了巨大的进步和发展，钽粉、钽丝、钽靶材的研究水平达到世界先进水平，钽年生产能力折合金属钽近1000t，成为全球氧化物、钽粉及钽加工材最主要的生产基地，是世界钽冶炼加工的三大强国之一。

我们在收集和整理了国内外大量资料和信息的基础上，综合编写了本书。力争用较少的篇幅，全面介绍钽工业涉及的各个方面，除了介绍钽工业的发展过程、钽的基本性质和用途外，还重点阐述了钽的资源与开发、生产工艺和技术、技术进步与创新、全球钽的工业生产与市场消费。此外，还介绍了钽资源的综合利用、“三废”治理、职业安全与健康、分析检测技术、资本运营、钽行业相关政策法规和相关组织等方面的情况。

全书共十一篇，由中色（宁夏）东方集团有限公司李彬、赵海田、韩如旭、吴红、刘永生等专家编写。其中，第一至四篇由李彬、韩如旭编写，第五、第六篇和第九至十一篇由赵海田编写，第七篇由吴红、赵海田编写，第八篇由刘永生编写，全书由李彬统稿，李宴武审阅。

在本书的编写过程中，得到了中国工程院何季麟院士的关怀和指导；中色（宁夏）东方集团有限公司科技部、宁夏东方钽业股份有限公司市场部和技术部、宁夏有色金属进出口公司、中国有色金属工业协会钽铌分会的相关人员为本书的编写也提供很多帮助和建议，我们在此表示衷心的感谢。

由于编者水平所限，书中不足之处敬请读者批评指正。

编　者
2014年10月

目　录

第一篇

钽业概论

钽是周期表第V_B族第六周期元素，元素符号为Ta，原子序数为73，相对原子质量为180.9479，密度为16.65g/cm^3，熔点为2996℃。钽在有色金属中属于稀有高熔点金属。

第一章　钽元素的发现史

1802年，瑞典化学家安德鲁斯·埃克伯格（A. G. Ekeberg，1767～1813年）在研究一些来自斯堪的纳维亚半岛的矿石（现在称之为钽铁矿和钇榍石）时，发现了一种新元素。当这位化学家尝试用醋酸等溶剂溶解含有该种新元素的氧化物的各种努力都失败后，他联想起希腊神话宙斯之子丹达罗斯（Tantalus）的故事（Tantalus因为泄露天机而受到宙斯的惩罚，站在齐脖深的水中却喝不上水，身处树下却吃不到果子而永受饥渴之苦，但他最终倔强地挺过来了），为了向Tantalus表示敬意，他将他发现的元素命名为钽（tantalum），表示该金属的氧化物很难溶解（象征丹达罗斯所遭受的折磨）。但当时许多化学家认为钽和1801年刚刚被英国化学家查理斯·赫特契特（Charles Hatchett）发现的铌（Nb）是同素异形体，当时由于误解，许多科学家进行了无休止的争论，大部分人认为这两种元素就是同一种物质——钽。这种争论持续了四十多年，直到1844年德国化学家罗素（Heinrich Rose，1795～1864年）才解决了这个争端。1825年，贝尔兹里乌斯（Berzelius）用金属钾还原氟钽酸钾首次获得纯度不高的钽粉。1903年，在德国西门子公司工作的博尔顿（W. von Bolton）和费尔莱茵（Otto Feuerlein）用碳还原氧化钽工艺获得了比较纯净的能用于工业化生产的金属钽。

第二章　钽工业发展史

第一节　国外钽工业的发展

钽在发现近100年后一直没有得到工业应用，直到1903年德国西门子公司用钽取代锇丝成为电灯泡灯丝，才使钽首次获得了工业化应用。

20世纪20年代，美国华昌公司最先制取了纯度达到99.8%的金属钽并用于制造各种钽整流器、检波器，应用于收音机、汽车等行业。同时少量的钽也开始在手术器械、自来水笔尖、钟表弹簧等方面得到应用。

20世纪30年代，美国扇钢公司再次使钽的应用得到扩展，钽起吸气剂作用的电子管得以开发，并应用于电子、雷达、电视、X 光机等领域。1925 年开发的液体钽电容器首次应用于电容器制作。第二次世界大战又进一步促进了钽在军事工业中的应用。

20 世纪 50 年代，溶剂萃取分离钽和铌的新工艺、钠还原法生产电容器级钽粉、电子束炉熔炼方法，使钽的质量得到突破性提高。50 年代末至 60 年代初，中国、日本等国家先后进入钽工业行列。

20 世纪下半叶是钽工业技术发展的高峰期，特别是烧结阳极固体钽电容器用钽粉的比容得到迅猛提高，20 世纪 60 年代钽粉的比电容量仅 4000μF · V/g，80 年代末为 20000μF · V/g，2000 年为 70000μF · V/g，目前实验室水平已达到 300000μF · V/g，图 1-1 所示为电容器用钽粉比容的发展情况。80 年代末，钽在电子工业中的应用极大地提高了钽的使用量。

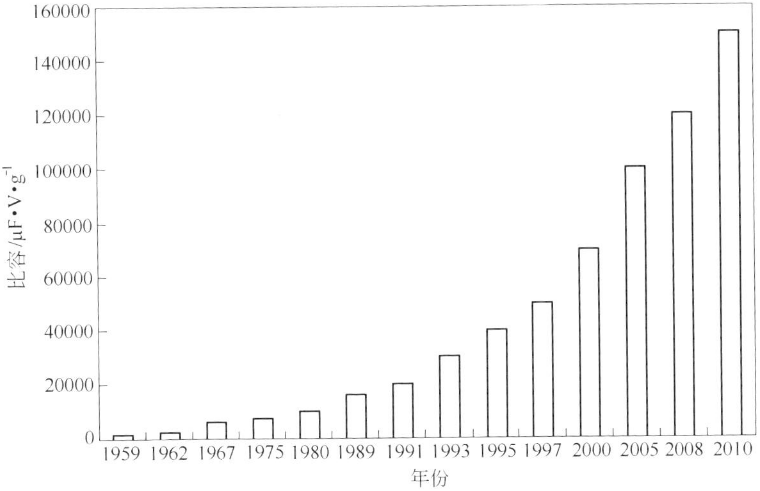

图 1-1 历年来钽电容器用钽粉比容的发展情况

同期，钽资源开发取得了巨大进展。1904 年，澳大利亚发现锡矿中含有锰钽铁矿，1925～1929 年期间共开采 70t，到第二次世界大战前每年供应钽精矿不到 20t。到目前为止，有许多国家都在开采钽矿，澳大利亚、巴西和加拿大是传统的重要钽铁矿供应国，2000 年以后非洲地区的刚果（金）、埃塞俄比亚、卢旺达等国家也成为重要的钽精矿来源地，东南亚地区的锡渣也是钽资源重要来源之一。澳大利亚的格林布什矿和沃吉纳矿是世界上最大的钽矿山。表 1-1 为 1975～2001 年世界初级钽原料产量。

表 1-1 1975～2001 年世界初级钽原料（以 Ta_2O_5 计）产量

（t）

年份	锡渣	钽矿、其他	合计
1975	399	313	712
1976	411	318	729
1977	590	343	933
1978	438	297	735
1979	547	405	952
1980	628	359	987
1981	557	420	977
1982	549	311	860
1983	581	167	748
1984	458	231	689
1985	486	147	633

续表 1-1

年　份	锡　渣	钽矿、其他	合　计
1986	639	109	748
1987	301	101	402
1988	634	134	768
1989	443	299	742
1990	417	319	736
1991	209	355	564
1992	195	352	547
1993	132	220	352
1994	91	287	378
1995	91	295	386
1996	100	426	526
1997	102	496	598
1998	239	734	973
1999	779	1084	1863
2000	327	1177	1504
2001	482	1415	1897

注：资料来源于 TIC 公报。

历史上，钽原料的价格于 1980 年、1988 年、2000 年先后出现过 3 次大的波动，2010 年钽价格又出现较大幅度上涨。图 1-2 所示为 1960 ~ 2000 年钽精矿的年均价格。

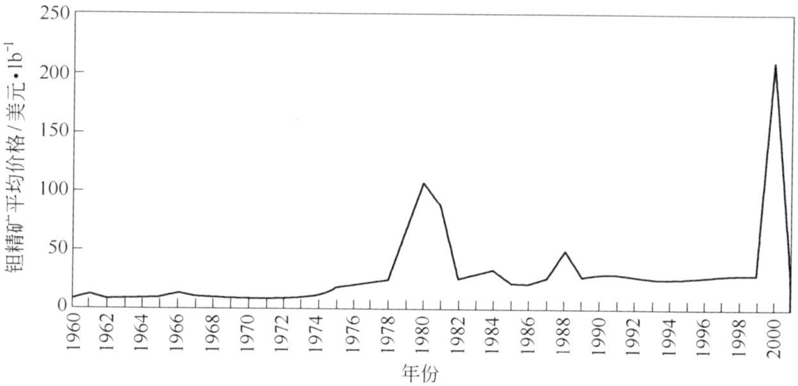

图 1-2 1960～2000 年钽精矿的年均价格

（1lb＝0.4536kg）

第二节 中国钽工业的发展

中国钽工业从 20 世纪 50 年代中期开始起步研究，经历了“由无到有、由小到大、由内到外、由弱到强”的发展过程。近 60 年，逐步形成了从采矿、选矿、冶炼、加工到应用的较完整的具有独立自主知识产权的工业体系。冶炼、加工工艺技术不断创新，生产装备日趋完善，产业队伍和生产规模逐渐壮大和发展，开始进入世界钽工业大国的行列。

中国钽铌工业大体经历了初步创立、工业化生产和快速发展三个阶段。

一、初步创立期

1956～1964 年为初期创立阶段，主要体现在依靠自己的力量建立起研究单位和半工业实验车间，开展了钽铌分离和金属钽制取的研究。

1952 年，新疆可可托海矿管处开始生产钽铌精矿。

1956 年 2 月，重工业部北京有色金属综合研究所（现北京有色金属研究总院）成立了钽铌冶炼工艺研究小组。

1961 年，株洲硬质合金厂建成钽铌分离湿法车间。

1964 年，北京有色金属研究院和上海勤工化工厂分别试制出金属钽粉。

二、工业化生产期

1965 ~ 1990 年为工业化生产阶段，主要体现在新疆、广西、广东、江西等省区钽矿山的建立，在宁夏、湖南、上海、广东、广西、江西等地陆续新建和扩建了一批冶炼厂或车间，实现了钽的工业化生产，基本满足国内的需要。

1965 年，从北京有色金属研究院分流人员，引进日本部分技术和装备，开始建设冶金部 905 厂和第三有色金属公司第二有色金属研究所（现中色（宁夏）东方集团有限公司和西北稀有金属材料研究院）。1965 年，铌条车间投料试车，生产出第一批产品，1966 年 7 月钽铌湿法生产线和钽粉火法生产线建成投产。同年，株洲硬质合金厂建成钽和铌粉火法冶炼车间。

1966 年，上海跃龙工厂建成钽铌湿法冶炼车间，1976 年建成火法车间。

1971 年，广东从化钽铌冶炼厂建成钽粉生产车间。

1973 年，广西栗木锡矿钽铌湿法车间投产，1976 年火法车间投产。

1979 年，江西九江有色金属冶炼厂（原 806 厂）建成投产。

1965～1976 年，矿山建设加快。1965 年新疆阿勒泰矿选矿厂建成；1967 年广西栗木锡矿选矿厂投产；1976 年江西宜春钽铌矿（原 414 矿）建成投产，同时，江西石城矿、广东横山矿、江西横峰矿、广东泰美矿、广东博罗矿等开展了勘探和小规模的开采。另外，2000 年福建南平矿建成投产。

三、快速发展期

1990 年至今为快速发展阶段，主要体现在行业规模扩大，产品品种增多，研究开发了一批新技术、新材料，产品产量、生产技术和装备水平逐步赶上和达到了国际水平，中国钽工业已经进入世界钽工业大国的行列。

（一）产业规模迅速扩大

到 2011 年末，企业单位数量从 20 世纪 80 年代末的不足 10 家增加到近 30 家，从业人数超过 5000 人，行业总资产超过 70 亿元，行业年销售收入 60 亿元，产品门类达 40 个系列 200 多个品种，年生产能力折合金属钽近 1000t，其中钽精矿 600t、氟钽酸钾 5400t、氧化物 4500t、钽粉 640t、钽加工材（含钽丝）345t，产品的质量和档次大幅提高。

（二）产业技术进步加快

1. 钽工业采矿选矿技术的进步

多年来，宜春、南平、可可托海钽铌矿不断改进采选设备，实施采矿技术攻关，重点围绕提高穿孔效率的爆破效果、实现无根底爆破等方面，研究开发了潜孔钻机、垂直钻孔、多分段低填塞耦合装药、多角线顺序起爆、欲裂控制爆破、逐孔起爆、非电导爆管雷管爆破器材、解决溜矿井透水性和放矿垮斗作业难题的多项新技术，使采矿大块率平均降低30%以上，采矿成本降低、生产效率大为提高。

宜春、南平等钽铌矿高度重视选矿作业的技术进步，多年来先后与广州有色金属研究院、日本东北工业研究所等国内外研究院所合作，围绕重、浮、磁、电、化学、手选等选矿方法与资源适应性的有机结合，进行技术开发和选矿设备的更新换代，取得了众多技术成果。如阶梯式多层次选矿、原生泥单独处理、改开路破碎为闭路破碎、中矿再磨再选、强磁分选技术应用、高频振动细筛与棒磨机闭路、旋转螺旋溜槽粗选、粗粒矿物抬浮摇床选和细粒矿物单槽浮选等，强化次生泥归队回收，强化锡、锂云母及长石粉等有用矿物综合回收。

科技进步促使产能翻倍，宜春钽铌矿日处理能力由1500t/d增加到3000t/d，南平矿由800t/d增加到2000t/d。技术经济指标不断攀升新高度，宜春矿综合回收率从44%提高到53%，南平矿从60%提高到68%。

2. 钽工业冶炼与加工技术的进步

（1）湿法冶炼工艺技术方面。九江有色金属冶炼有限公司等企业持续不断推进高纯氧化物的工艺改进，光学级、晶体级、特高纯级产品在国际市场享有较高声誉。宁夏东方钽业股份有限公司研发的第五代钽铌湿法萃取设备及在线计算机控制新技术，实现了湿法冶炼工艺过程自动控制。佛冈佳特金属有限公司等企业在处理低品位矿石上技术领先、生产成本低、金属回收率高。

（2）火法冶炼工艺技术方面。宁夏东方钽业股份有限公司先后对钽金属火法冶炼进行了四次重大技术变革，高比容钽粉还原技术、后续处理技术以及化学、物理、电气性能等达到世界先进水平，钽粉比电容量研发水平达 300000 μF·V/g，70000μF·V/g 比容钽粉销量比重已达 70% 以上，钽铌高温合金熔炼（Ta-Nb、Ta-W 等）技术及合金表面涂层新技术已得到应用。株洲硬质合金集团有限公司钽铌事业部中高压钽粉生产技术处于国内领先水平。江门富祥电子材料有限公司广泛实践了搅拌钠还原工艺研究，钽粉比电容量得到迅速提高。

（3）钽及其合金加工技术方面。宁夏东方钽业股份有限公司自主开发了电容器级钽丝轧制技术、表面涂层工艺及多模拉拔技术、连续退火技术、钽丝掺杂等新技术，研发的直径小于 0.06mm 的钽丝属世界领先水平。钽及钽合金加工材（管、板、带、棒、箔）和钽靶材的锻压、挤压、拉拔、焊接等加工技术都取得了较大的进步和发展，溅射靶材用钽的织构性能研究使靶材实现批量出口。

国家钽铌特种金属材料工程技术研究中心于 2005 年在中色（宁夏）东方集团有限公司建立，为中国钽行业的技术进步创建了研究开发平台。

3. 冶炼加工装备进步

肇庆多罗山蓝宝石稀有金属有限公司自主研发的大功率电子束炉为企业发展作出了重要贡献。宁夏东方钽业股份有限公司目前拥有30余台最大装炉量达500kg的大型钽粉还原炉，20余台装炉量100kg以上的自动控制钽粉热处理炉，最大功率达1200kW的电子束炉7台（全部进口），板、带、丝、管、棒、靶等加工材的先进加工设备以及分析检测仪器，主要装备综合水平处于国内领先，世界先进水平。

（三）产品类别增加，质量提高

1. 产品类别、品种的进步

产品类别已由工业化初期11个品种20余种规格发展到品种齐全、种类繁多的40余个系列200余个品种规格（几乎覆盖了钽金属的全部类别品种）。

湿法冶炼产品形成了 K_2TaF_7（工业级、高纯级）、Ta_2O_5（工业级、光学级、高纯级、超高纯级）、Nb_2O_5（工业级、光学级、高纯级、超高纯级）、草酸铌（工业级、高纯级）、钽醇盐等5大类10余种品种规格。

电容器级钽粉形成了高压高比容、中压高比容、低压高比容、低压超高比容钽粉四大系列30多个品种规格。

冶金级钽粉（工业级、低氧级）、钠还原法烧结钽条（工业级、高纯级）、碳还原烧结钽条（工业级）、烧结钽棒（工业级、高纯级）、高纯钽锭电子束钽合金（锭、棒）、TaO（普通级、超细粉）、电容器级钽丝、钽靶材钽加工材

(棒、管、板、带、箔)、钽复合加工材(棒、板材)、钽制品(坩埚、加热器)等15个系列100多个品种。

2. 品种质量档次的进步

经过三十多年的快速发展使中国钽湿法冶炼产品由单一工业级别的低端产品迈向了高纯、超高纯的高端产品新台阶;低压超高比容钽粉达到150000μF·V/g(生产)和300000μF·V/g(研究)的水平;电容器级钽丝产品细径化、高质化发展迅速,最小钽丝直径为0.06mm,力学性能及表面质量优异,垄断了世界电容器级钽丝市场。钽金属及其合金的加工材和其他产品也实现了全方位的快速发展。

(四)产业资本结构和管理体制的发展变化

进入21世纪以来,产业资本结构发生重大的变化,由20世纪末的纯国有企业发展形成了国有、上市公司、中外合资企业、外资企业、民营企业等多元化资本结构的产业群体。

由原宁夏有色金属冶炼厂整合部分资产改制设立的宁夏东方钽业股份有限公司于2000年1月在深圳证券交易所上市交易,成为中国钽铌工业第一家上市公司。2007年10月,中国有色矿业集团公司重组中色(宁夏)东方集团有限公司;江西九江有色金属冶炼厂、江西宜春钽铌矿现都隶属于中国五矿江西钨业集团公司管理;广东省从化钽铌冶炼厂现隶属于广东省广晟集团公司;广西栗木锡矿于2002年破产重组,由职工持股的广西栗木矿业有限公司重归广西有色;2000年宁夏东方钽业股份有限公司参股的福建南平矿建成投产。

2000 年以来非国有企业迅速成长壮大，以广东省肇庆多罗山蓝宝石稀有金属有限公司、广东省江门富祥电子材料有限公司、江西省九江市金鑫有色金属有限公司、广东省佛冈佳特金属有限公司等为代表的多家民营企业先后创立并快速发展，成为中国钽工业的重要组成部分。

（五）对外贸易的变化

20 世纪 90 年代以来，中国钽冶金产品已逐渐从国内市场转向以出口为主。钽产品有 80% 以上用来出口，钽原料有 80% 以上依靠进口，整体出现了“两头在外”的格局。

中色（宁夏）东方集团有限公司自 20 世纪 90 年代实现了中国钽粉、钽丝零出口的突破后，钽氧化物、钽靶材、钽加工材等也相继进入国际市场，出口量和创汇额逐年增加。近几年，肇庆多罗山蓝宝石稀有金属有限公司、江门富祥电子材料有限公司等国内其他钽铌冶炼厂家的钾盐、氧化物、碳化物、钽粉、钽丝、钽烧结材等产品也陆续批量销往国际市场。中国钽工业企业已成为世界钽市场最重要的生产者和供应商。

第二篇

钽的性质与用途

第一章　钽金属的性质

钽具有熔点高、蒸汽压低、冷加工性能好、化学稳定性高、抗液态金属和酸碱腐蚀能力强、表面氧化膜介电常数大等一系列优异特点，是重要的现代功能性材料。

第一节　钽金属的物理性质

钽的部分基本物理性质见表2-1。

表2-1　钽的部分基本物理性质

性　质	数　值
原子序数	73
相对原子质量	180.9479
熔点/℃	2996
沸点/℃	5300
超临界温度/K	4.47

续表 2-1

性　质	数　值
密度/$g \cdot cm^{-3}$	16.65
晶体结构	体心立方
热导率/$W \cdot cm^{-1}$	0.575
线膨胀系数(20℃)/K^{-1}	6.5×10^{-6}
电阻率（27℃）/$\Omega \cdot cm$	12.45×10^{-6}
电导率/$S \cdot cm^{-1}$	7.61×10^{4}
熔融热/$kJ \cdot mol^{-1}$	31.6
比热容/$J \cdot (g \cdot K)^{-1}$	0.14
汽化热/$kJ \cdot mol^{-1}$	743
原子体积/$cm^3 \cdot mol^{-1}$	10.9
原子半径/nm	0.146

第二节　钽金属的力学性质

钽具有良好的塑性，可承受各种形式的冷加工，可冷加工成厚度为0.01mm的薄片而无需中间退火。钽具有足够的强度和刚度，其值与低碳钢接近。钽具有良好的韧性，不会发生脆性断裂，不因震动和冲击而失效。钽还具有良好的导热性，因此钽可以很方便地加工成各种大小形状的零部件。表2-2是钽的典型力学性能。

表 2-2 钽的典型力学性能

特 性		典型值
压缩系数/$kg \cdot mm^{-2}$		21050
弹性模量/$kg \cdot mm^{-2}$		19000
抗拉强度极限/$N \cdot mm^{-2}$	烧结退火后的坯条	289
	退火板材	245～441
	未退火金属丝	862～1228
伸长率/%	冷 轧	1～3
	退 火	25～40
硬度（HB）	退 火	45～125
	变形后	125～350

第三节 钽金属的化学性质

钽位于元素周期表第 V_B 族，左右分别与铪、钨相邻，上面分别是钒、铌。钽的电子结构决定了钽的最稳定化合价态为 5 价，另外，在一些钽的化合物中，钽还表现出 3 价、4 价和 2 价的状态。钽的化学性质比较复杂，钽本身具有典型的金属特性，但其五氧化物呈酸性，而其低价氧化物则呈碱性。

一、钽与气体的反应

金属钽的重要性质之一是能吸收氢、氧、氮及其他气体，并形成相应的固溶体或化合物，因此这类杂质元素的微量存在对金属的力学性能和电性能都有很大的影响。

在氧气气氛、常温下，钽是稳定的，加热至300℃以上开始氧化，随着温度的升高，氧化反应速度加快。

在氢气气氛下，温度低于300℃时，钽能溶解大量的氢形成固溶体，当温度达到500℃时，吸收氢的速度最大，此时生成钽的氢化物（TaH_x），钽吸氢后，性能变脆，易于破碎。钽与氢的反应是可逆反应，当在真空中加热到600～800℃时，氢化物又分解释放出氢气，金属恢复原有性能。钽工业就是利用这种性能用金属条、锭制取金属粉末。

在氮气气氛下，钽在600℃时开始吸收氮气，形成固溶体。在氮-钽系中存在五种相：α相、β相、γ相、δ相和ε相。

此外，氟在室温下能与钽作用；氯在250℃以上对钽起作用；溴在300℃以上对钽起作用；对于气体碘，当温度到赤热之前，钽一直保持惰性。碳和含碳气体（如CH_4、CO）在高温（1200～1400℃）下与钽相互作用生成碳化物（TaC）。

二、在化学介质中的反应

钽几乎在任何环境下都能迅速生成一层表面氧化膜并紧密包覆于其金属基体之上，该氧化膜极薄极致密，对几乎所有的介质都具有不透性，而且一旦出现损坏，能立即自愈。由于有这样一种优异的保护膜，钽具有极其优异的抗腐蚀性能。除了氟、氢氟酸、含氟离子的酸性溶液、发烟硝酸和强碱以外，钽在大多数的介质中都不会被腐蚀。表 2-3 是钛、锆和钽的抗腐蚀性能对比。

表 2-3　钛、锆和钽的抗腐蚀性能对比

环 境 条 件			腐蚀速率/mm · a^{-1}		
介　质	质量分数/%	温度/℃	钛（Ti）	锆（Zr）	钽（Ta）
HCl（空气）	5	20	<0.05	<0.05	<0.01
	15	35	2.4	<0.08	<0.01
	37	35	15.0	<0.08	<0.01
H_2SO_4	10	35	1.2	<0.05	<0.01
	40	35	8.5	<0.05	<0.01
HNO_3（发烟）	—	—	腐蚀	腐蚀	耐腐蚀
HF	0.001	所有温度	腐蚀	腐蚀	腐蚀
NaOH	10	100	<0.05	<0.05	1.0
	20	80	<0.1	<0.05	腐蚀

第二章　主要钽化合物的性质

第一节　钽的氧化物

五氧化二钽（Ta_2O_5）是白色细晶粉末，为两性氧化物，难溶于水，易溶于氢氟酸，可溶于熔融的 NaOH、KOH、$K_2S_2O_7$、$KHSO_4$，但难溶于氢氟酸以外的无机盐。Ta_2O_5 和氯化剂作用一般生成 $TaCl_5$。

五氧化二钽在 1000 ~ 1200℃ 时仍保持白色，继续提高温度，则变成灰色。已知非晶态的五氧化二钽在500℃开始结晶生成低温晶体（T型），在830℃时转化为温晶型（M型），超过830℃时生成高温晶型（H型）。

第二节　钽的水合氧化物

钽的水合氧化物（氢氧化钽）组成为 $Ta_2O_5 \cdot nH_2O$，由于水分子 n 是可变的，因而没有固定的组成。钽水合氧化物是两性化合物，不溶于水和稀酸中，但可溶于氢氟酸、草酸、酒石酸、氟硅酸、胺、氢氧化钾等溶液，部分溶于浓硫酸、浓盐酸、浓硝酸、铬酸、正磷酸。

第三节　钽的卤化物和卤氧化物

在钽的卤化物中，高价的五卤化物中的卤素更容易为氧所取代，形成稳定的卤氧化物。钽的卤化物大都是挥发性化合物，其中氟化物能很好地溶于水且仅部分发生水解，其他卤化物则易水解并生成难溶性化合物。

一、五氟化钽

五氟化钽（TaF_5）是一种易挥发性的无色晶体。其极易发生水解，易溶于水，微溶于冷的浓硫酸，与氢氧化钠水溶液发生激烈反应，可被氢还原生成金属钽，这一反应用于钽的化学气相沉淀工艺。

二、钽（V）的氟配合物

钽（V）与氟可生成稳定的氟配合物，这些可以在水中生成，也可以在熔盐体系中生成，其配位数通常是6和7，高的可达8。在溶液中，这些配合物的组成与氟离子和酸度有关，随着酸度下降发生以下顺序转化：$H_2TaF_7 \rightarrow HTaF_6$。其中 K_2TaF_7 在钽工业中最具工艺价值。

三、五氯化钽

五氯化钽（$TaCl_5$）为白色晶体，不纯时则为黄色。$TaCl_5$ 易水解，在400～500℃时，不能被氢还原。在高温下不稳定，在真空800℃以上时，会分解生成金属钽。

四、溴化钽和碘化钽

溴化钽（$TaBr_5$）为橙黄色晶体，能溶于水并发生水解，能溶于甲醇、乙醇和 CCl_4 中，也溶于苯胺、液氨并发生反应。碘化钽（TaI_5）为黑色晶体，加热升华而不分解，在潮湿空气中很容易水解，释放出碘化氢。

第四节　钽的碳化物和钽酸盐

一、钽的碳化物

碳化钽为深棕色粉末，仅能溶于氢氟酸和硝酸的混合溶液中。低于1100℃时在空气中不易氧化，在氮或氨的作用下，易生成氮化物。钽的碳化物主要有 TaC 和 Ta_2C 两种，属于难熔（熔点为3880℃）的坚硬化合物。

二、钽酸盐

Ta_2O_5能和化学元素周期表中全部 8 个族的 50 多个元素的氧化物、氢氧化物或碳酸盐一起熔融生成各种复杂类型的钽酸盐，这类盐可用下列通式表示：xMeO · $y Ta_2O_5$（Me 为碱金属）。

几乎所有碱金属钽酸盐在水溶液中的聚合程度都很高，在水溶解中都是难溶解的化合物。碱金属碳酸盐可以被氢气还原：$2MeTaO_3 + H_2 = Me_2O + 2TaO_2 + H_2O$，反应温度为600～700℃。除碱金属钽酸盐外，大多数钽酸盐均不溶于水。

许多钽酸盐晶体（如钽酸锂）是铁电体，它们属于具有自发极化作用的热电体范畴，其极化值与电场电压有关，并具有居里温度，钽的铁电体材料同时还具有压电、电光和非线性光学等特性。一些钽酸盐是窄频道带半导体材料，是制造电子工业元器件的重要材料。表 2-4 为钽酸盐晶体的基本性能。

表 2-4 钽酸盐晶体的基本性能

品 名	居里温度 T_c/℃	极化值	备 注
$KTaO_3$	-260	—	钙钛矿型铁电体
$LiTaO_3$	665	23×10^{-2}（450K）	钙钛矿型铁电体

第三章 钽的用途

第一节 钽在电子工业中的应用

在电子工业方面，钽主要用作钽电容器，通常以电容器级钽粉、钽丝和钽箔等形式被应用。钽电容器是雷达、宇航飞行器、导弹不可缺少的电子元件之一，并且广泛用于民用，如移动通信、电子设备、仪器等方面。

钽粉由于比表面积大，介电体的薄膜介电常数大，因而电容量大，能制成小型大容量电容器。用钽制作的电解电容器具有体积小、重量轻、可靠性好、工作温度范围大、抗震及使用寿命长等优点。

钽电解电容器按其电解度可分为固体电解质电容器和液体电解质电容器。钽电解电容器按其阳极形式区分，主要有钽箔阳极和钽粉烧结阳极两种。钽丝用作这两种电容器的阳极引线。

电子工业的发展对钽电容器小型化及高可靠性的要求越来越严格。在钽电容器小型化和片型化方面，致力于提高钽粉的比容。目前，国际上钽粉商品化比容已达到 150000 μF · V/g 以上，实验室已达到 300000μF · V/g。

钽也用作电子管的材料。由于钽的熔点高、蒸气压低、加工性能好、线膨胀系数小、吸气性优良，因此钽是发射管、高功率电子管零件的良好材料。

由于钽的化学稳定性高，钽靶材是电子芯片磁空溅射镀膜的重要材料。图 2-1 所示为东方钽业（OTIC）生产的钽靶材，图 2-2 为不同结构和封装外形的钽电容器实物。

图 2-1　东方钽业（OTIC）生产的钽靶材

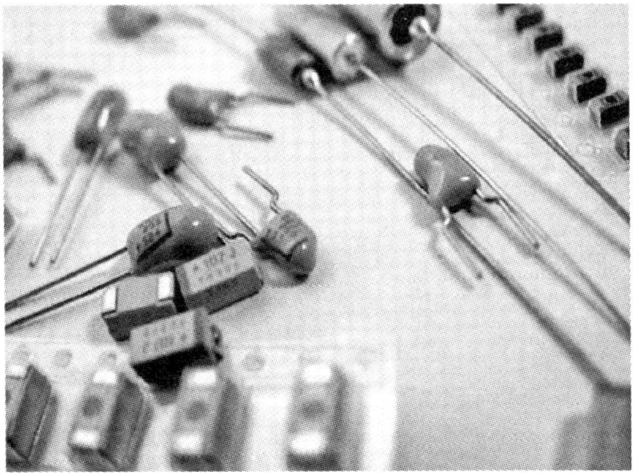

图 2-2　不同结构和封装外形的钽电容器实物

第二节 钽在硬质合金中的应用

碳化钽是难熔碳化物，在硬质合金工业应用中占有极其重要地位。与 WC、TiC 和金属钴的陶瓷碳化物一样，TaC 具有优良的耐磨性、韧性、硬度和稳定性。碳化钽的使用有两种：一种是将少量碳化钽直接添加到 WC-Co 或 WC-TiC-Co 合金中，起控制晶粒长大等作用；另一种是碳化钽与碳化铌或其他碳化物形成固溶体，可以改善合金的高温硬度、高温强度和抗氧化性能，大大提高切削速度和延长刀具寿命。

陶瓷碳化物具有优良切削性能，一般由 α、γ、β 三相组成。α 相为碳化钨；β 相为金属相黏结剂，金属钴是陶瓷碳化物最常用的黏结剂；γ 相是 TaC、NbC 和 TiC 形成的固溶体，溶解在碳化钨中作为晶体生成抑制剂。

NbC 的性质介于 TaC 和 TiC 之间，但因 NbC 价格便宜，除美国外，国外用 NbC 取代 TaC 高达 30% ~40%。在硬质合金中，因用途不同，TaC 含量也有所不同，一般在 4% ~12% 范围内变化。

第三节 钽在化学工业中的应用

钽在 150℃以下抗化学腐蚀及大气腐蚀能力很强。除氢氟酸、发烟的三氧化硫及高温下的浓硫酸和磷酸外，钽对其他酸都是稳定的。Ta-W 合金在200℃下，在酸性和中性介质中的稳定性甚至比金、铂都高。

钽除具有特殊抗腐蚀性能外，还具有良好的强度、塑性、导热性及加工性能，因而是化工设备极有价值的结构材料。钽制件广泛应用于化学加工工业、石油工业、医药制造工业、食品加工工业。

金属钽和钽合金（如 Ta-2.5W、Ta-10W、Ta-40Nb 等）在抗腐蚀方面的应用中比任何其他材料更能经受高温和矿物酸（盐酸、硫酸、硝酸）的腐蚀。钽及其合金主要用于化学过程的反应容器和热交换器等，是制造热传输元件（如热交换器、冷凝器、U 形管）的最理想材料，它们的热导率为钛的两倍多，为锆不锈钢的三倍多，为镍基合金的四倍，钽容器已成功地用于吸附氯化氢来制造盐酸。

金属钽还可以代替黄金、铂金制造合成纤维喷丝头，这种喷丝头要求坚固、耐磨损、抗腐蚀，且要求喷嘴上直径为数十微米的小孔在使用过程中保持尺寸严格不变。

第四节　钽在航空和宇航工业中的应用

除钽电容器大量用于航空航天工业外，钽还主要以其高温合金（又称超合金）和以钽为基体的耐热合金在航空航天工业特别是发动机方面得到特殊应用。添加钽到镍基、钴基、铁基合金中可以制造超合金、耐蚀合金、耐磨合金等高性能合金。

与含铌高温合金相比，含钽高温合金具有更优越的性能，耐热更高，应力负荷更大。而钽基耐热合金主要分为Ta-W和Ta-Nb两个系列，其他添加剂还有钼、铪、铼。这些合金均有优异的性能，如Ta-W-Hf系合金具有很高的高温强度（1650℃或更高）和蠕变抗力，良好的低温塑性和焊接性能。这些合金主要用作超音速飞机、固体推进剂火箭、导弹的耐热高强度结构材料以及控制、调节装置的零件等。如美国阿吉纳宇宙飞船的燃烧室用Ta-10W合金制成，其燃烧室火焰温度很高（可达2760℃）。

第五节　钽在原子能工业中的应用

钽及其合金能耐高温腐蚀（对液态金属汞、钠、钾合金具有很高的化学稳定性），在核动力系统中是承装液态金属的理想材料，液态金属在核反应堆中常用作载热介质，把反应堆中的热传送至涡轮和发动机。金属钽不溶于钚，故可作熔融钚实验反应堆的燃料容器材料。

钽酸镉和钽酸铟的中子俘获截面高、稳定性好，在高温反应堆（>700℃）中，它们是有实用价值的高温控制材料。

第六节　钽在医疗领域中的应用

在现代医学中，钽金属以其自身优异的耐腐蚀性和生物相容性等独特优势，越来越受到医疗和材料工作者的广泛关注，并在医学领域中广泛应用。

钽可作接骨板、螺丝、夹杆、钉、缝合针等外科手术材料；钽板、钽片可以修补头骨；钽箔、钽丝可以缝合神经；细钽丝可以缝合内径 1.5mm 以上的各种血管；钽丝可修补肌肉组织，可代替腱甚至神经纤维；钽丝还用于矫形骨外科换骨用缝线；钽还可用于牙科机械的制造。

多孔钽金属是一种独特的多孔材质，整个结构与人体海绵骨极为相似，其强度和韧性比人体海绵骨好，因此国内外医学专家用多孔钽金属棒作为人体植入物，治疗早期股骨头坏死等骨科疾病。

五氧化二钽与少量三氧化铁的混合物可用来加速血液的凝结。

图 2-3、图 2-4 所示分别为多孔钽和金属钽的医疗应用。

图 2-3　多孔钽的医疗应用

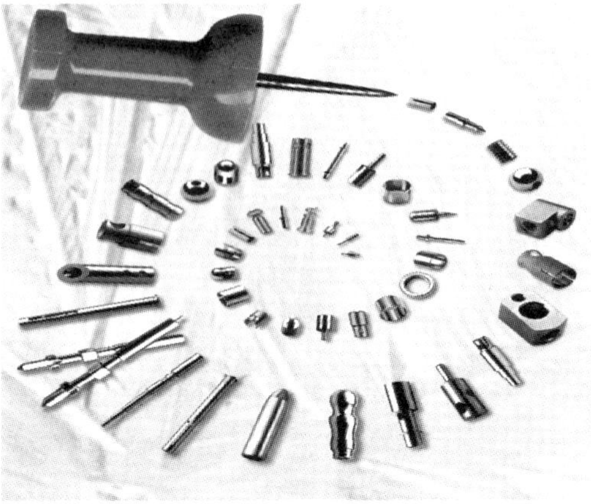

图 2-4 金属钽的医疗应用

第七节 钽在其他方面的应用

在高温真空炉中，用钽作支撑附件、热屏蔽、加热器和散热片等。在这方面的应用钽比钨、钼更稳定，且易于加工成一定的形状。钽是 1600℃以上真空炉炉胆的主要材料。

钽可用作钟表材料。钽制的自来水笔可以代替铱。钽是制作避雷针的优异材料。五氧化二钽一般分为高纯级、光学级和陶瓷级。高纯级用于生产声表面波滤波器用的钽酸锂晶体；光学级主要用于光学玻璃的添加剂；陶瓷级主要用作陶瓷电容器。此外，钽的氢化物用来焊接半导体硅器件的节点以及金属陶瓷。钽的阳极氧化膜呈红、黄、蓝、绿、紫等鲜艳的颜色，也可用作首饰。

第三篇

钽矿物资源与采选

第一章　钽矿物及矿床

钽属于分布不广的稀少金属元素，在地壳中的平均含量为 1.7×10^{-6}，不足铝的十万分之二，钛的万分之四。钽与铌密切共生，没有以游离态或天然态存在的钽。钽常以氧化物形式与多种金属伴生。

第一节　钽矿物种类

目前已知钽、铌矿物和含铌、钽的矿物有 130 余种。按晶体结构和化学成分分，这些矿物大致可分为铌钛酸盐矿、铌钽酸盐矿和钛钽铌铀酸盐矿三大类以及铌铁矿-钽铁矿族、烧绿石-细晶石矿族、褐钇铌矿-黄钇钽矿族、铌铁金红石-钽铁金红石矿族、易解石矿族、黑稀金矿-复稀金矿族、重铌铁矿-重钽铁矿族、铌钇矿族和铈铌钙钛矿族等 9 个矿族。常见的钽矿物有 30 多种，主要矿物见表 3-1。

表 3-1 主要的钽铌及含钽铌矿物

矿物名称	化学式	含量/%	
		Nb_2O_5	Ta_2O_5
铌铁矿-钽铁矿	$(Fe,Mn)(Ta,Nb)_2O_6$	≥63.77	≤14.55
钽铁矿-铋铁矿		≤10.33	≥72.18
褐钇铌矿	$Y(Nb,Ta)O_4$	33.64～42.9	2.5～11.09
易解石	$(Ce,Th)(Nb,Ti)_2O_6$	21～35	0.26～3.3
铌易解石	$(Ce,Ca,Th)(Nb,Ti)_2O_6$	41.13	0.51
铌/钛铁金红石	$(Ti,Nb,Fe)O_2$	6.71～23.67	1.44～6.65
锰钽矿	$MnTa_2O_6$	1.91～10.33	70～86
重钽铁矿	$FeTa_2O_6$	1.17～1.37	73.98～86.01
黄钇钽矿	$YTaO_4$	9.15	49.4～55.5
烧绿石	$(Ca/Na)_2(Nb/Ta)_2(O,OH,F)_7$	56.01～67.77	1.44～6.65
细晶石	$(Ca/Na)_2(Nb/Ta)_2(O,OH,F)_7$	0.40～10.13	55～77

铌铁矿、钽铌铁矿、铌钽铁矿、钽铁矿是铌铁矿-钽铁矿类质同象系列的矿物，含 Ta_2O_5 少于15%的称铌铁矿，含 Nb_2O_5 少于15%的称钽铁矿。Nb_2O_5 含量大于 Ta_2O_5 的称钽铌铁矿，Ta_2O_5 含量大于 Nb_2O_5 的称为铌钽铁矿，$(Fe/Mn) < 1$ 的则为铌锰矿-钽锰矿系列。

第二节 钽铌矿床与矿石

钽铌矿石大致分为钽铁矿-铌铁矿（分成原生矿和砂矿）、烧绿石矿（分为伟晶岩型和碳酸岩型）和其他含钽铌的矿石（如褐钇铌矿）三大类。钽铁矿石如图3-1和图3-2所示。

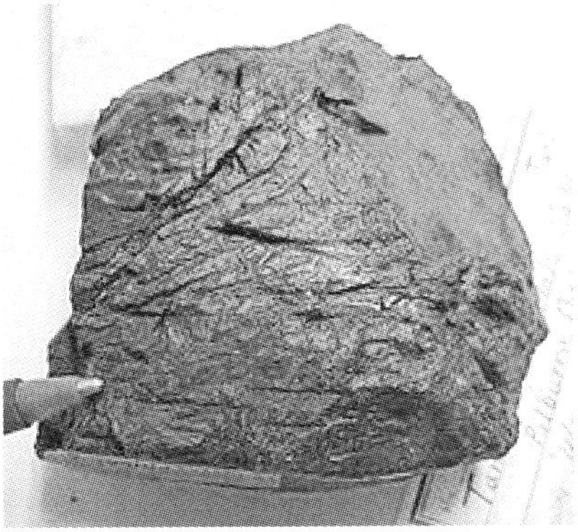

图 3-1　钽铁矿石（产于澳大利亚 Pilbara 地区）

图 3-2　铌钽铁矿石

钽铌矿床按地质条件及主要成矿作用可分为岩浆矿床、伟晶岩矿床、气成热液矿床、外生矿床和接触自变矿床五类。

中国钽矿床主要有碱性长石花岗岩型矿床（江西宜春钽铌矿），花岗伟晶岩型矿床（福建南平钽铌矿），钠长石、铁锂云母花岗岩型钽铌矿（江西石城姜坑里钽铌矿），钠长石、白云母花岗岩型钽铌矿床（广西恭城栗木钽铌矿、江西大吉山钽钨矿），气成热液型矿床（湖南香花岭钽铌矿）。

世界主要钽铌矿床的特点和实例见表3-2。

表3-2 世界主要钽铌矿床的特点和实例

矿床类型	简　介	典型品位和吨位数	主要矿山实例
碱性花岗岩和正长岩	碱性硅火成岩中伴生铌矿和较少的钽矿，因岩浆或热液蚀变过程富集了矿物	一般小于1亿吨；含0.1%的 Ta_2O_5；含0.1%～1%的 Nb_2O_5	格陵兰岛的Motzfeld和llimanussaq矿，俄罗斯的Lovozero矿，加拿大的Thor Lake和Strange Lake矿，巴西的Pitinga矿，沙特阿拉伯的Ghurayyah矿，马拉维的Kanyika矿
LCT型花岗岩	过铝质深成岩体中伴生铌矿和较少的钽矿	一般小于1亿吨；Ta_2O_5 品位小于0.05%	埃及的Abu Dabbab和Nuweibi矿，中国宜春钽铌矿
LCT型伟晶岩	铌矿和较少的钽矿伴生于LCT型（富含Li-Cs-Ta）伟晶岩中	一般小于1亿吨；Ta_2O_5 品位小于0.05%	澳大利亚的Grennbushes和Wodgina矿，加拿大的Tanco矿，巴西的Volta Grande矿，埃塞俄比亚的Kenticha矿，莫桑比克的Morrua和Marropino矿

注：表中品位和吨位数是推测值，不同矿床差异很大。

第三节 钽铌矿床一般工业指标

钽铌矿床地质勘查一般工业指标见表3-3。

表 3-3 钽铌矿床地质勘查一般工业指标

矿床类型	$\frac{w(Ta_2O_5)}{w(Nb_2O_5)}$	边界品位		最低工业品位		最小可采厚度/m	夹石剔除厚度/m
		$(TaNb)_2O_5$	或 Ta_2O_5	$(TaNb)_2O_5$	或 Ta_2O_5		
花岗伟晶岩类矿床	≥1.0	0.012%~0.015%	0.007%~0.008%	0.022%~0.026%	0.012%~0.014%	0.8~1.5	≥2
碱性长石花岗岩矿床	≥1.0	0.015%~0.018%	0.008%~0.01%	0.024%~0.028%	0.012%~0.015%	1.5~2.0	≥4
风化壳（褐钇铌矿或铌铁矿）矿	—	0.008%~0.010%	重砂品位 80~100g/m³	0.016%~0.020%	重砂品位 250~280g/m³	0.5~1.0	—
原生铌矿床	—	0.05%~0.06%	—	0.008%~0.012%	—	5.0	≥5
河流类砂矿床（铌铁矿或褐钇铌矿）	—	0.004%~0.006%	重砂品位 40g/m³	0.01%~0.012%	重砂品位 250g/m³	0.5	≥2

注：资料来源于《稀有金属矿产地质勘查规范》(DZ/T 0203—2002)。

第二章 钽资源储量及分布

第一节 世界钽资源储量及分布

据钽铌国际研究中心（TIC）和巴西国家矿产部的资料，钽矿石资源分布在世界许多国家，估计资源量和探明储量分别为31.7万吨和15.3万吨（均以氧化物计）。巴西资源份额最大，约占40%，澳大利亚、亚洲、俄罗斯和中东、非洲、北美和欧洲占剩余60%。世界钽资源及储量见表3-4。

表3-4 世界钽资源及储量

分布地区	资源（以 Ta_2O_5 计）/t	资源百分率/%	储量（以 Ta_2O_5 计）/t	储量占比/%
巴　西	129274	40.8	87360	57.2
澳大利亚	65771	20.7	40560	26.5
中国和东南亚	33112	10.4	7800	5.1
俄罗斯和中东	31298	10.0	—	—
中　非	28576	9.0	3120	2.0
非洲其他地区	21318	6.7	12480	8.2
北　美	5443	1.7	1500	1.0
欧　洲	2268	0.7	—	—
总　计	317060	100	152820	100

注：资料来源于 British Geological Survey（2011年4月）。

第二节　中国钽资源储量及分布

中国是世界上铌、钽等稀有金属矿产资源较丰富的国家。据地质矿产部编写的《新中国成立四十周年地矿工作成就展览》的统计资料表明，中国钽矿分布于13个省（区）的92个矿区，Ta_2O_5 总保有储量8.4万吨，居世界首位。从地区分布看，江西钽矿最丰富，内蒙古、广东次之，三省储量合计占全国钽储量的72.5%。

一、中国钽矿资源的特点

钽矿床规模小、矿石品位低、嵌布粒度细而分散、多金属伴生，造成难采、难分、难选，回收率低，大规模露采的矿山较少。中国所规定的钽铌矿床储量计算的最低工业品位指标为：$(Ta、Nb)_2O_5$ 为 0.016% ~0.028%，中国大部分钽铌矿床品位都接近或略高于最低工业品位指标。钽铌储量数据显示，中国钽（Ta_2O_5）储量和基础储量在数量上还是很大的，但中国钽资源中 Ta_2O_5 品位超过 0.02% 的几乎没有，显然以这样低的品位套改出的“储量”与国外高品位计算出的储量很难有可比性。

二、中国主要钽矿资源

从新中国成立到 20 世纪 90 年代，中国先后发现了一批大型、特大型钽铌矿，如新疆富蕴的可可托海、柯鲁木特、青河阿斯卡尔特、福海库卡拉盖、福海群库尔等特大型、大中型锂铍铌钽矿，江西横峰黄山大型钽铌矿，广东增城的派潭大型铌铁矿砂矿，博罗地区大型铌钽矿，恭城栗木老虎头钽铌矿，江西宜春特大型钽（铌）-锂矿，横峰葛源钽铌钨锡矿，石城海罗岭钽铌矿，通城断峰山大型钽铌矿，福建南平西坑钽铌矿，广东广宁横山中型铌钽矿，广西恭城水溪庙钽铌矿，湖南湘东钽铌矿（包括香花岭和金竹陇钽铌矿），桂东钽铌矿，新疆拜城特大型钽铌矿等。中国主要钽铌矿山储量见表 3-5。

表 3-5 中国主要钽铌矿山储量

钽铌矿山	品位((Ta、Nb)$_2$O$_5$)/%	储量/万吨	
		Ta_2O_5	Nb_2O_5
江西宜春钽铌矿	0.0187	1.76	1.432
新疆可可托海钽铌矿	0.02	0.017	0.010
广西栗木水溪庙钽铌矿	0.0298	0.22	0.226
江西石城钽铌矿	0.028	0.035	0.024
广东横山钽铌矿	0.05	0.07	0.028
江西横峰钽铌矿	0.072	—	0.555
江西大吉山 101 矿	0.0235	0.25	0.160
福建南平钽铌矿	0.028	0.182	—
湖南香花岭 430 矿	0.0257	0.553	0.530
湖南湘东金竹陇矿	0.235	0.310	0.270
内蒙古包头白云鄂博矿	0.1~0.2	—	5.010
内蒙古扎鲁特旗 801 矿	0.2485	2.15	37.00
合计	—	5.547	45.245

注：资料来源于何季麟，张宗国编写的《中国钽铌工业的现状与发展》。

第三章 钽矿的开采与富集

第一节 钽矿的开采

除冲击砂矿外，绝大多数钽铌矿石是以致密的矿体状态埋藏在地壳中。根据矿体埋藏在地壳中深浅程度的不同，开采的方法可以选择露天开采或地下开采。

一、露天开采

露天开采包括钻孔、爆破、采装和运输，此外还有排土、排水、滑坡防治等辅助作业。国内外多数钽铌矿山，因其矿体埋藏浅或露出地表而采用露天开采，如巴西的阿拉萨矿、卡塔尔矿和澳大利亚的格林布什矿、沃吉纳矿等。中国的宜春钽铌矿等也是采用露天开采。

二、地下开采

地下开采按矿床开拓、采准和切割以及回采三步骤进行。钽铌矿体埋藏深的需要采用地下开采，中国地下开采的钽铌矿有南平钽铌矿、栗木水溪庙矿。

第二节 钽精矿的选矿富集

选矿方法分为物理选矿和化学选矿两类。主体为物理选矿（一般包括重选、磁选、静电选和浮选），化学选矿只是起辅助作用。

物理选矿原理是根据钽铌矿物与脉石矿物在物理性质（如密度、磁性、导电性）和物理化学性质（如浸润性）等方面的差异，采用机械和物理化学方法使各种矿物彼此分离，获得钽铌精矿。

钽铌矿由于原矿品位低（一般 Ta_2O_5 含量只有万分之几）、成分复杂并伴有多种有价金属，因此大多数都比较难选。钽矿石的选矿工艺流程因矿石不同千差万别，流程长而复杂，多数需要采用多种选矿方法的联合流程进行，但一般可分为粗选和精选两个阶段。粗选主要是采用重选流程，但也有采用磁选—浮选联合流程的，选别的结果是获得低品位混合粗精矿。对钽铌粗精矿的精选，由于其组成复杂、分选困难，常常需要采用磁选、重选、浮游重选、浮选、电选、化学处理等方法中一种、两种或多种组合以实现多种有用矿物的分离。特别是钽铁矿、铌铁矿与某些难选矿物如石榴子石、电气石、独居石等的分离，更需要采用多种方法。

第三节 国内外大型钽矿山选矿实例

一、澳大利亚格林布什风化伟晶岩锡钽矿选矿

格林布什矿区是世界上钽矿储量最大的矿区之一。该矿是一种分解的黏土伟晶矿，由风化的石英、云母、长石和大量的电石组成，矿石含钽铁矿 60g/cm^3。采矿为露天开采。选矿全流程由黏土分离、钽铌矿粗矿和精选三部分组成。黏土处理采用重选流程分离，选出半粗精矿；下一步进入粗选厂，粗选采用重选—磁选组合湿式流程，得到粗精矿；然后粗精矿进入摇床—磁选—电选的组合流程进行精选。选矿后可获得 3 种产品：钽精矿（Ta_2O_5，40%；Nb_2O_5，25%；SnO_2，3%；TiO_2，3%；Sb_2O_3，0.8%）、锡精矿（SnO_2，72%；Ta_2O_5，3%；Sb_2O_3，1%）和锑钽铁精矿（Ta_2O_5，

30%；Nb_2O_5，15%；SnO_2，10%；Sb_2O_3，5%）。

二、江西宜春钽铌矿选矿

宜春钽铌矿是中国目前正在运营生产的储量和产能最大的钽铌矿山，该矿是一个钠长石化-云英岩化-锂云母化花岗岩矿，矿石含富锰钽铌铁矿。采矿为露天开采。全流程包括破碎工段、磨矿重选工段、原生细泥工段、次生细泥工段、锂云母浮选工段和长石回收工段共六部分。最终产品为钽铌精矿（$(Ta+Nb)_2O_5$，46%～50%）、锂云母精矿（Li_2O，4%～4.5%）和长石。

第四篇

钽的生产工艺、技术与装备

第一章　钽的提取、分离及中间化合物的制备

第一节　钽精矿的分解

工业上钽精矿的分解方法主要有三种：碱熔法、酸分解法和氯化分解法。

一、碱熔法

在 20 世纪 60 年代初，碱熔法曾是分解钽铌精矿的工业生产方法。碱熔法分解钽铌精矿可分为钠熔法和钾熔法两种。钠熔法是采用氢氧化钠熔融，钾熔法是采用氢氧化钾熔融。为了降低熔融物的熔点和黏度，常采用氢氧化钠和碳酸钠化合物熔融或氢氧化钾和碳酸钾混合熔融。二者工艺基本相同，不同之处主要在于：苛性钠熔融时生成的钽、铌酸钠难溶于水，而苛性钾熔融时生成的钽、铌酸钾是可溶性的盐，因此要增加一道转化工序，即向溶液中加入氯化钠溶液，使之转变为不溶性的钽、铌酸钠盐，其后处理方法基本

相同。

钽铌铁矿碱熔时一般在800～850℃进行，如与苛性钠熔合时，钽、铌和钛、铁、锰转化为不溶性的钠盐，而钨、硅、锡、铝则生成可溶性的钠盐。这些可溶性的钠盐转移到水相中与钽铌分离除去，而不溶性的氧化铁、氧化锰、钛酸钠则仍留在固相中。钽铌酸钠用盐酸分解，使钽铌转化为混合氢氧化物，钛、铁、锰以氯化物的形态转入溶液中。

二、酸分解法

酸分解法主要有硫酸分解法、氢氟酸分解法、氢氟酸-硫酸分解法。氢氟酸或氢氟酸-硫酸混酸分解法能和有机溶剂萃取分离钽、铌，因此在工业生产中被广泛应用。

（一）硫酸分解法

对钛钽铌酸盐类复合精矿，采用硫酸分解法。在180～250℃下，用浓硫酸处理，精矿中几乎所有组分都能生产可溶性硫酸盐，分解物用水浸出、过滤，弃去不溶性残渣和硫酸钙，钽、铌、稀土金属、钍、钛、铁、铝生成可溶性盐进入溶液；用分步沉淀法，通过控制不同的pH值实现钽铌与其他杂质的初步分离。用氨水或氨气中和硫酸溶液在pH值为0.4（含游离酸2%左右）时，加热搅拌，钽、铌水合氧化物$(TaNb)_2O_5 \cdot xH_2O$开始沉淀，与此同时，部分钛和铁也沉淀下来。钽、铌沉淀后的溶液，可继续提高pH值使大部分钛以水合氧化物或钛酸的形式析出。当pH值接近4时，钛的水合氧化物沉淀下来。当 pH 值接近 7.5 ~ 8.0 时，稀土金属的水合氧化物开始沉淀。

总之，虽然可以控制不同的 pH 值沉淀各种金属的水合氧化物。但是，伴随着沉淀的进行，其他金属水合氧化物同时发生共沉淀。

硫酸分解法有较高的金属分解转化率，同时还能综合利用矿石中的有价值成分。但是因操作复杂、过程繁长、产品纯度低、硫酸消耗量大，在工业上未能广泛应用。

（二）氢氟酸分解法

钽铌精矿（钽铌铁矿、褐钇铌矿、锡渣富集物等）几乎均能被氢氟酸分解。在分解过程中，钽铌原料中的钽、铌、钛、硅、铁和锰都转入溶液，而稀土、碱土金属氟化物以及氟化钍等都保留在残渣中。

浸出方式有两种：一种是国外用得较多的单一氢氟酸浸出，另一种是国内普遍采用的氢氟酸和硫酸混合浸出。加入硫酸的好处是硫酸参与矿石分解提高分解率，减少氢氟酸挥发和用量，有利于后续萃取。

氢氟酸分解的典型工艺流程是精矿磨矿至小于 0.074mm（200 目），在不断搅拌下慢慢加入到装有高浓度（60% ~ 70%）氢氟酸和硫酸的反应罐中；之后搅拌保温几个小时，温度控制在 80℃ 以内；冷却后澄清过滤除去残渣，调整分解溶液酸度和钽铌浓度，供萃取分离使用。滤渣用低浓度 HF 溶液和水淋洗，当残渣中钽铌氧化物浓度小于 0.5% 时，做放射性废渣处理或回收铀和稀土金属。

第二节　钽的提取与分离

从钽精矿生产化合物的工艺过程中，钽、铌互相分离和钽、铌与杂质的分离是最艰难的任务之一。钽铌分离提取的方法主要有：液-液萃取法、氟化物分步结晶法、离子交换法、选择还原法和氯化物蒸馏法。

上述方法各有其工艺特点，但具有工业意义的是：液-液萃取法、分步结晶法和氯化物蒸馏法。液-液萃取法因具有萃取容量大、产品纯度高、生产过程连续化等优点，是目前钽、铌提取分离最主要的工艺方法。

一、溶剂萃取分离钽和铌

有机溶剂萃取是利用有机溶剂从不同混溶的溶液中把某种物质提取出来的一种方法，其实质是物质在水相与有机相中溶解分配的过程，由于物质在两种液相中交换，所以又称液-液萃取法。

萃取过程分为：萃取—洗涤—反萃取三个主要过程。萃取是指将含有被萃取物的水溶液与有机相接触，使萃取剂与被萃取物作用，生成萃合物进入有机相。洗涤是指用某种水溶液与有机萃取液充分接触，使进入有机相的杂质回到水相的过程。反萃取是指用适当的水溶液（或其他某种溶液）与经过洗涤后的萃取液充分接触，使被萃物重新自有机相转入水相的过程。在萃取过程中，萃取体系由有机相和水相组成，有机相包括萃取剂、稀释剂，水相包括料液、洗涤液、反萃液、盐析剂等。

萃取分离钽铌的有机溶剂，一般有酮类、脂类、胺类和醇类等。工业常用的钽铌萃取剂有甲基异丁基酮（MIBK、$C_5H_{10}CO$）、仲辛醇（含甲庚酮15%、$CH_3(CCH_2)_5(OHCH_3)$）等。在国外，大多采用甲基异丁基酮，在国内，除宁夏东方钽业外大多采用仲辛醇。目前国内外分离钽铌普遍采用的萃取体系有：H_2SO_4-HF-MIBK 萃取体系、H_2SO-HF-仲辛醇萃取体系。当钽铌精矿用氢氟酸和硫酸分解时，钽铌分别以氟钽酸、氟铌酸的络合物进入溶液，其他杂质元素（如铁钛锰硅等）则以氟化络合物或硫酸盐进入溶液。

在液-液萃取分离钽铌时，根据原料含钽、铌比的不同，可采用共萃取或分别萃取。目前国外已广泛采用共萃取，先将钽、铌同时萃取到有机相中；调整体系酸度，用酸洗液（硫酸浓度为4mol/L）将杂质从有机相中除去，然后用铌反萃液（硫酸浓度为0.75mol/L）先将铌从有机相中反萃出来，最后，用纯水将钽反萃出来，实现钽铌分离。这种共萃取方法，不仅简化了设备，而且也便于操作。

钽铌萃取设备普遍采用混合澄清槽式萃取器，也有的采用塔式萃取器。

二、氟化物分步结晶法分离钽和铌

分步结晶法是马林·雅克提出的分离提纯钽、铌的方法，20 世纪 50 年代以前，它是用于工业分离钽铌的唯一方法。

其原理是根据 K_2TaF_7 和 $K_2NbOF_5 \cdot H_2O$ 在溶液中溶解度的不同，用分步结晶法将钽、铌分离。同时，两种氟化物晶体结构方式的差异也有助于钽铌分离。在1%～7% HF 酸度下，K_2TaF_7 保持稳定不发生溶解，而 $K_2NbOF_5 \cdot H_2O$ 溶解度较大，对分步结晶最有利，此外，加入 KF 还会使两者之间的溶解度差别进一步加大。

分步结晶工艺包括溶解、沉淀结晶和蒸发结晶三道工序：

（1）溶解。用35%～40%的氢氟酸溶解钽铌混合水合氧化物，实际用量略高于理论用量。溶解是在衬塑料或衬胶槽中，加热至70～80℃下进行的，然后澄清过滤。

（2）沉淀结晶。过滤后溶液稀释到一定体积，使 K_2NbOF_5 的浓度调整在3%～6%，游离 HF 酸降低到1%～2%。加热，然后加钾盐，钾盐加到热的溶液中后开始析出针状氟钽酸钾晶体，待溶液冷却后过滤析出 K_2TaF_7，而 K_2NbOF_5 留在溶液中。为了提高 K_2TaF_7 晶体的纯度，可采用再结晶的方法，制得的 K_2TaF_7 晶体进行烘干。

（3）蒸发结晶。蒸发含 K_2NbOF_5 的母液，当母液中出现晶粒时，停止加热进行冷却，冷却后，析出 $K_2NbOF_5 \cdot H_2O$，然后再用重结晶方法进行提纯，提取 $K_2NbOF_5 \cdot H_2O$ 结晶后的母液可返回使用。

三、离子交换法分离钽和铌

离子交换法也是一种有效的分离方法。但离子交换法分离钽、铌迄今未在工业生产中得到应用，这里仅作基本介绍。

离子交换过程通常包括吸附和解吸两个过程：

(1) 吸附过程。当含有金属离子的溶液流过装有离子交换树脂的交换柱时，需要回收分离的金属离子便由水相进入树脂相中，直至离子交换树脂中的金属离子饱和时，吸附过程停止，转入解吸过程。

(2) 解吸过程。向交换柱内通入某种淋洗液，将全部被吸附的金属离子从树脂内洗涤下来，获得一定浓度的金属离子的水溶液，用于提纯金属，树脂经再生后返回使用。

离子交换树脂是一种含有一定官能团的有机聚合物，具有交换离子的功能。它分为阳离子交换树脂和阴离子交换树脂两类。阳离子交换树脂内含有酸性阳离子官能团（如$—SO_3H$、—COOH、—OH 等），其中的 H^+ 同溶液中的阳离子进行交换。阴离子交换树脂内含有碱性阴离子官能团（如氨基、$—NH_2$、═NH 等），其中的阴离子和能被置换的阴离子进行交换，阳离子交换树脂的选择性较小，而阴离子交换树脂则相反，对钽、铌等金属的络合阴离子具有较高的选择性。

四、选择还原法分离钽和铌

选择还原法的基本原理是利用铌化合物（五价）相对于钽化合物（五价）易还原，钽的中间化合物在常态下不稳定这一性质实现钽、铌的分离。因被还原的化合物不同，有氯化物选择还原和氧化物选择还原。

（一）氯化物选择还原法

选择还原氯化物有两种方法：

（1）氢选择还原是用氢还原钽铌的混合氯化物，反应发生时 $NbCl_5$ 被还原，$TaCl_5$ 不被还原，以达到分离钽、铌的目的。

（2）铝选择还原是用铝还原钽铌的混合氯化物，随着铝用量的不同，还原后可以获得不同的低价氯化物，如 $NbCl_4$、$NbCl_3$ 等，而 $TaCl_5$ 不被还原，从而达到钽、铌分离的目的。

（二）氧化物选择还原法

采用氢气还原钽铌混合氧化物时，在 1000℃ 下 Nb_2O_5 被 H_2 还原成 Nb_2O_4，而 Ta_2O_5 不与 H_2 发生反应。经反复数次循环，可进一步分离钽和铌，但分离不彻底。

五、氯化物分步蒸馏法分离钽和铌

氯化物分步蒸馏法的原理是基于钽、铌和杂质元素的氯化物的沸点不同而实现钽、铌的分离。钽铌精矿经氯化处理后，其钽铌氯化物一般含有某些杂质元素，除钨以外，其余金属氯化物的沸点比 $NbCl_5$、$TaCl_5$ 的沸点至少相差 70℃，因而在氯化过程中经过粗蒸馏后就能得到比较纯的钽铌氯化物。再用分步蒸馏法很容易将 $TaCl_5$ 和 $NbCl_5$ 分离，因为这两种氯化物的沸点相差 14.3℃（$TaCl_5$ 沸点为 234℃，$NbCl_5$ 沸点为 248.3℃）。

蒸馏提纯的主要问题是钨的分离，因 WCl_5 的沸点比 $NbCl_5$ 只高 22℃，$WOCl_4$ 的沸点比 $TaCl_5$ 低 6.5℃。在钽铌原料中，尤其是锡渣，钨是主要杂质元素。所以氯化法处理钽铌原料也是有选择性的。蒸馏提纯的另一个问题是铁，铁在蒸馏过程中生成固态 $FeCl_2$，造成填料堵塞，影响传导和蒸馏效率，因此在氯化前应先除铁。

第三节 钽中间化合物的制取

重要的钽冶金中间产品有氧化物、氟钽酸钾、卤化物，其中氧化物应用面最广，氟钽酸钾用量最大。

一、高纯氧化钽的制取

钽是亲氧性元素，很容易得到它们的氧化物，因此制取五氧化二钽的方法很多，如可以用在空气中加热使金属氧化、碳化物氧化、氮化物氧化，使各种化合物水解等。但能工业规模生产的方法主要有两种：以氢氟酸萃取工艺的反萃取液为原料制取和氯化冶金产出的五氯化物为原料制取。

（一）由反萃取液制取五氧化二钽

液-液萃取法分离钽铌过程中的钽液（或纯钽液），除大部分用于氟钽酸钾制取外，还用于氧化钽（或高纯氧化钽）的制备。在钽液中，钽以 H_2TaF_7 形式存在，并含有一定量的 HF 和 H_2SO_4，当用氨中和至 pH 值为 8～9 时，即形成难溶于水的白色氢氧化钽，后经洗涤、烘干、煅烧，获得氧化钽（或高纯氧化钽）。

（二）由氯化物制取五氧化二钽

原料氯化物来自精矿氯化工艺的精馏产物，制取方法有：水溶液水解法、水蒸气水解法、氨水中和法和醇盐法。

水溶液水解法是将五氯化钽按固液比为1：13溶解后在90~100℃下进行水解，采用热水水解可以避免形成氧化物胶体，有利于过滤。主要杂质铁、铝、钙、碱金属和碱土金属、稀土元素以及部分钛留在盐酸滤液中而被分离掉，滤饼再用2% HCl + NH_4Cl 混合液洗涤，最后得到高纯度的产品。

水蒸气水解法有气-固相反应水解和气-气相反应水解两种方法。前者为低温气-固相反应，后者为高温气-气相反应。方法多用于制备特纯级氧化物产品。

氨水中和法是用1mol/L以上的氨水中和五氯化钽，可以得到含水量较少的水合氧化钽。沉淀物颗粒较粗且比较疏松，过滤后的滤饼再浆洗一次，先在120~200℃下烘干，再在850~900℃下煅烧，最后过筛分级，得到合格产品。

醇盐法是将五氯化钽磨细，加入无水乙醇的反应器中，反应温度保持在40~50℃，所得溶液经过沉淀分离，再在160~300℃下蒸发浓缩，蒸发浓缩产物（含五氧化物90%~95%）在温度为850~900℃时通入空气或氧气进行热分解，最后得到粒度分布均匀、化学活性大的纳米级高纯氧化钽产品。

二、氟钽酸钾的制取

氟钽酸钾是生产金属钽的原料，分子式为 K_2TaF_7，工业上生产氟钽酸钾的原料为溶剂萃取工艺中的钽反萃取液，工艺过程主要由反萃取液检查、过滤、调酸、转化、冷却结晶、离心脱水和干燥等工序组成。

含钽反萃取液先进行检查，过滤除去残留的有机相及机械杂质，然后向所得过滤液中加入氢氟酸和纯水调整钽液的质量浓度和酸度至1.35～1.5mol/L，加热溶液至80～85℃，然后边搅拌边加入质量浓度为300g/L的KCl（用量为理论量的1.1倍），转化完毕后将溶液送入水冷夹套结晶槽，实施冷却结晶（先自然冷却至40～50℃，然后通冷却水强制冷却至室温）。所得氟钽酸钾晶体均进行离心过滤分离出结晶母液，脱水后的晶体进行干燥、混批，最后获得合格产品。影响氟钽酸钾结晶效果和产品质量的因素主要有：转化时所用钾盐种类、结晶液酸度和浓度、反应温度等。

三、钽卤化物的制取

钽具有各种价态的卤化物，它们主要用作有机化工中的聚合、烃化、氯化、异构化、还原、氟化等过程的催化剂。

卤族元素能和三种价态（Ⅲ、Ⅳ、Ⅴ）的钽生成简单化合物、配合物和原子族化合物。

钽的卤化物和卤氧化物中比较常见的有 TaF_5、$TaCl_5$、$TaBr_5$ 和 TaI_5 等。$TaCl_5$ 的典型制造工艺有：金属钽在300～350℃下与氯气直接反应；在碳存在时，在700～800℃下五氧化钽和氯气反应；干燥的氯化氢气体和金属钽在350～410℃下反应；在300～350℃下钽的硫化物与氯气反应。

在铌、钽的卤化物中，相对于低价卤化物来说，五卤化物中的卤素更容易为氧所取代，形成含有稳定的卤氧化物。钽的卤化物大都是挥发性化合物，其中氟化物能很好地溶于水而仅部分发生水解，其他卤化物则易水解并生成难溶性化合物。

钽的卤配合物主要有：$NaTaCl_6$、$KTaCl_6$、NH_4TaCl_6、$KTaOCl_4$ 和 K_2TaOCl_5 等。

钽在其较低的氧化态中，存在数量非常大的含氧和含卤素的原子族化合物。

第二章 钽的氯化冶金

钽的氯化冶金是指在高温条件下用氯气等氯化剂与钽精矿、复杂矿或低品位原料作用制取氯化钽的过程，包括钽原料的氯化分解、钽氯化物分离和提纯直至制取纯钽化合物。它是钽提取分离的重要方法之一，特别适合处理复杂的钽精矿。

氯化冶金的主要缺点是氯化剂腐蚀性强、易腐蚀设备、环境保护压力大。

第一节 氯化工艺

钽氯化工艺主要是利用氯化时所生成的各种氯化物的蒸气压差将精矿中的主要成分挥发分离开来。钽、铌、钛等氯化物的沸点较低，在氯化过程中被气体带走并在冷凝装置中先冷凝下来，而高沸点的氯化物（如钾、钠、钙、镁、稀土金属等）以熔盐形式留存在氯化反应器中而实现与杂质的初步分离。

氯化分解分为熔盐氯化和块料氯化两种形式。块料氯化是将磨好的精矿按比例与焦炭及黏结剂混合，压制成块并烘干、焦化，然后在竖式电炉中以固定层方式进行氯化。熔盐氯化是将磨好的精矿按比例与焦炭或石油焦混合，一起加入到干热沸腾状态下的熔融的氯化钾、氯化钠混合熔盐中，通入氯气进行氯化。熔盐氯化具有明显的优点：省去了团块的制备和烧结过程；氯气在熔盐中能使其鼓泡而起到搅拌作用，有效地促进了物质交换和热交换；氯化速度快，氯化生产效率高，氯化过程连续化。

第二节　氯化物的分离与提纯

一、气体氯化物的分离

从氯化炉排出的气-气混合物中除氯化钽之外，还有铌、铁、钛、铝、硅等的氯化物及其他少量氯衍生物，通过对混合气体进行分步冷凝，达到分离的目的。钽氯化工业中曾用过三种冷凝系统：选择式分段冷凝系统、联合式冷凝系统和综合式冷凝系统。

二、氯化物的精馏净化提纯

利用氯化钽的蒸气压与铌及其他金属氯化物的不同实现进一步提纯。钽氯化物的精馏一般采用三段工艺：预蒸馏除去挥发性杂质获得纯钽铌五氯化物；主蒸馏分离钽和铌；钽浓缩物精馏制取纯氯化钽。

第三章　钽金属的制取

第一节　氟化物的还原法

钽的氟化物制取金属钽，一般采用金属热还原法，常用的还原剂有钾、钠、镁、铝等，工业上选用金属钠最为适宜。TaF_5是低熔点的化合物，具有强烈的吸湿性，在潮湿的空气中产生 HF 气体，也难于制得纯净金属，工业上采用比 TaF_5 稳定的氟钽酸钾作为制取金属钽的原料。氟钽酸钾钠还原法制取金属钽粉详见本篇第四章的叙述。

第二节　氧化物的还原法

氧化钽是相当稳定的化合物，只有还原性很强的金属（如钾、钠、镁、铝）和非金属（碳、氢）等才能还原氧化钽。用金属还原制取的金属钽中还原剂金属含量高，一般要用真空电弧炉或电子束炉熔炼才能提纯。氢还原制取金属钽没有实际意义，而碳热还原法工业上可用。碳热还原法一般有直接还原和间接还原两种工艺，其中间接还原法是先将氧化钽与炭黑反应生成碳化钽，然后将氧化钽与碳化钽混合压条，在真空下还原生成金属钽。

第三节 熔盐电解法

熔盐电解法早期在钽工业生产中得到应用。钽的氧化物、氯化物、氟化物的理论分解电压表明用熔盐电解可以制得金属钽。钽的电解是在混合电解质组成的熔融盐体系中进行的，目的是降低操作温度和提高电解质的导电性。在这些熔盐体系中，电解质的分解电压必须高于钽化合物的分解电压才能获得纯金属钽，一般采用碱金属氯化物、氟化物作电解质。影响电解过程析出的钽金属质量因素主要有：电解质成分、电解温度、电流密度等。电解所制得阴极钽经水洗和盐酸洗，再水洗、烘干。熔盐电解也用于钽及钽基合金的精炼以及制取这些金属的涂层。

第四章 钠还原法制取金属钽粉

第一节 物料准备

一、氟钽酸钾备料

钽粉的纯度是钽粉质量的表征之一，而影响钽粉纯度的因素较多，其中使用的原料——氟钽酸钾的纯度至关重要。工业生产对氟钽酸钾的质量要求为：外观为白色晶体，无肉眼可见的机械夹杂物及结块，杂质含量见表4-1。

表 4-1　氟钽酸钾钽含量及杂质元素典型值

元素		杂质元素/%						
指标	w(Ta)/%	Nb	W	Fe、Ni、Cr、Si、C、Ca、Al、Zr、Sn、Mn、Mo、Ti、Mg、Pb、Co、Na、B、N	O_2	水分	F-游	Cl-游
	≥45	$\leq 10\times10^{-4}$	20×10^{-4}	各$<10\times10^{-4}$	0.01	0.01	30×10^{-4}	6×10^{-4}

氟钽酸钾烘干温度不小于80°C。采用木制的蒸气烘干箱，也可采用其他类型的恒温烘干箱。

二、金属钠的净化

金属钠是还原剂。钠是活泼金属，很容易与空气中的氧、水、二氧化碳、氮等发生反应。常用的钠净化法有过滤、沉降、冷阱、热阱、真空蒸馏和电解法等。实际应用时可根据不同的情况和要求选择净化方法。金属钠净化系统主要由熔钠槽、沉清槽、储钠槽、计量槽等组成。

三、稀释剂的选择

为改善钽粉的粒度、粒形及其他电气性能，钠还原往往在惰性稀释剂中进行，此稀释剂不参与反应，而是稀释

K_2TaF_7 浓度和降低熔融盐熔点，有利于控制反应温度及速度。一般用作稀释剂的盐类有分析纯的 KF、NaF、KCl、NaCl 等。稀释剂在使用前需要进行烘干，其条件与设备与氟钽酸钾烘干类似。

第二节 搅拌钠还原

搅拌钠还原法的特点是物料在熔融盐中不断搅拌的情况下，金属钠与 K_2TaF_7 进行充分的接触，温度均匀、反应速度快、周期短、产量大，生产的钽粉粒度容易控制，形状较复杂，比电容高。因此该方法目前被国内外生产钽粉厂家广泛采用。

搅拌钠还原制取钽粉主要有三种搅拌还原的形式：气(Na)-液(K_2TaF_7 + 稀释剂)搅拌还原；液(Na)-固(K_2TaF_7)搅拌还原；液(Na)-液(K_2TaF_7 + 稀释剂)搅拌还原。液-液搅拌钠还原是目前国内外普遍采用的方法。

钠还原装置主要由主体设备（包括加热电炉、反应罐、装料坩埚、搅拌机）、电气控温、测温系统、抽真空系统等几部分组成。

第三节 还原产物的湿法处理

还原结束后，将出炉剥离出的还原产物，经颚式破碎机破碎至 4 ~ 5mm 的小块，送湿法工序进行水洗和酸洗。水洗是除去残存的金属钠、未被还原的氟钽酸钾、反应的副产物 NaF、KF 及不参与反应的稀释剂。酸洗是除去因设备腐蚀以及机械夹杂带入的 Fe、Ni、Cr 等杂质和降低产品中的氧含量。因此，湿法净化处理对提高钽粉的纯度具有重要的作用。

在工业生产中，水洗设备常采用过滤式水洗和搅拌式水洗两种方式：酸洗设备常采用回转式酸洗槽、机械搅拌酸洗槽和蒸汽搅拌酸洗槽等三种形式。

在酸洗除氧过程中，有少量微细钽粉颗粒悬浮漂流掉且部分钽粉溶于 HF 溶液中。因此对酸洗液处理，回收其中部分钽，对提高钽粉的总回收率具有重要意义。

第四节　还原钽粉的降氧与氢化

经湿法处理，烘干，过筛分级，合格后的原粉，由于在水洗和酸洗过程中被氧化，需进行降氧处理，而筛上物因其颗粒较粗，不能直接作为中间产品转移，而需进行氢化磨细制粉。

降氧处理是用镁作还原剂除去钽粉表面的氧而达到降低钽粉中氧的目的。氢化制粉是利用钽吸收氢气生成脆性的氢化钽，易于采用机械方式进行磨细，然后在一定温度和真空度下，经脱氢得到所需颗粒的金属钽粉。

在工业生产中采用的降氧设备有立式电阻炉，氢化设备有电阻炉、中频炉两种。

第五节 真空热处理及钽粉调制

经湿法净化、降氧后的原粉纯度、粒度与粒形仍不能完全满足使用需求，需要进行真空热处理，进一步提高钽粉纯度，改善其物理加工性能。

高温真空热处理是将金属钽粉在高温和高真空下进行处理，除去在湿法过程中所吸附的气体杂质及未洗净的还原副产物 KF、NaF 及部分低熔点金属杂质，同时使部分细颗粒的钽粉得到黏结、凝聚、烧结，以此进一步提高钽粉纯度，改善其加工性能和电气性能，满足电容器用钽粉使用的技术要求。

在工业生产中，真空热处理的装置可分为真空碳管炉和真空金属炉两大类。真空碳管炉是采用石墨制作加热器，金属钼片制作隔热屏。真空金属炉采用的加热器有钽棒加热器、钽片加热器、钨丝笼加热器等多种类型，隔热屏可采用钽片，也可选用金属钼片。

经过真空热处理的钽粉需根据用途的不同进行整形和调配，才能生产出用户需要的产品。

第六节 影响电容器级钽粉质量的主要因素

一、钽粉纯度

普遍认为，钽粉中任何一种杂质含量的增高都会影响到电容器的电性能，特别影响漏电流的增大。

二、钽粉的粒度和形貌

钽粉的粒度（粒度分布，平均粒径）影响到阳极块的密度和孔隙度。钽粉的形貌不能简单地说形状越复杂越好，或越简单越好，而应根据产品使用的需要，根据电容器的性能和工艺要求，来选择和控制合适的粉末粒形。一般来说，对于制作高压、高可靠性的电容器，应选择粒形比较简单的钽粉为好；而对于制作小型化、低压电容器，则宜选择粒形较复杂，比电容高的钽粉。

综上所述，烧结型钽电解电容器的性能主要决定于钽粉的纯度、粒度与粒形。而钽粉的纯度、粒度与粒形除与使用的原料氟钽酸钾的质量有关外，还与钽粉的生产方法、钠还原的还原方式密切相关。

第七节　电容器级钽粉生产的其他方法

氟钽酸钾钠还原法是制取金属钽粉特别是低压、中压高比容电容器钽粉的主要方法，而生产中高压、高压钽粉还有以下方法：钠还原—电子束熔炼—氢化制粉工艺；钠还原—垂熔烧结—氢化制粉工艺；氧化钽碳还原—电子束熔炼—氢化制粉工艺和碳还原—垂熔烧结—氢化制粉工艺。

第五章　致密金属钽的制取

为生产具有延性的致密金属钽，必须采用粉末冶金法或真空熔炼法精炼提纯钽坯锭。通过在高温高真空下进行烧结或熔炼，除去钽中的气体杂质和低熔点杂质，有利于下一步钽及其合金材的加工。

第一节 粉末冶金法

粉末冶金过程主要包括成型和烧结两大部分，成型是为了获得具有一定形状、尺寸和强度的粉末坯料；烧结是为了使金属致密化和提纯。首先将钽金属粉末经调配混合、压制成金属坯条，经高温烧结获得较高纯度并具有一定物理、力学性能的致密钽金属条。

粉末成型是借助于压机的压力，在模具中将粉末压制成具有一定的几何形状、尺寸、密度和强度的坯料。影响坯料质量的主要因素有：粉末特性、成型剂、压制压力、模具和压力机等。

坯料真空烧结方法按其加热方式可分为真空直接加热烧结和真空间接加热烧结。真空直接加热烧结称为垂熔烧结，即将大电流直接通过坯料，由坯料本身电阻产生热量而实现高温烧结的目的；间接加热是通过辐射加热或感应加热来实现的。用于钽坯料烧结的主要设备有真空垂熔炉和真空中频感应炉，根据坯料规格大小选择炉型。在烧结过程中，影响坯条质量的主要因素有烧结温度、烧结时间、烧结气氛、粉末性能和压坯密度等。另外真空烧结还具有提纯作用。

第二节　真空熔炼法

钽锭生产主要采用电子束熔炼和真空自耗电弧熔炼。从两种熔炼方式的比较看，电子束熔炼的精炼效果最好，但金属挥发损失也大；真空自耗电弧熔炼适用于工业级钽及其合金锭的生产，它的缺点是必须先将熔炼的金属材制备成自耗电极。在钽铸锭生产中，有时为了制得高纯度的钽锭，需进行多次电子束熔炼，或者将真空电子束熔炼与真空电弧熔炼联合使用。

一、电子束熔炼

（一）基本原理

电子束熔炼是利用高速电子束流的动能转变为热能作热源的一种熔炼方法。电子束流是在高真空中的高压电场下，阴极被加热到足以使自由电子发射的温度时发射的热电子流。在加速电压作用下，电子以极高的速度向阳极运动，通过聚焦、偏转使电子成束，准确地轰击到炉料和熔池表面。

（二）影响精炼效果的主要因素

影响精炼效果的主要因素有：原料的纯度、真空度、熔速与熔次、比电能和熔炼功率、熔炼方式等。

（三）电子束熔炼炉

根据电子枪的结构和装设部位的不同，可将电子束炉分为两大类：环状阴极电子枪型电子束炉和远聚焦多室电子束炉。环状阴极型电子束炉的电子发射源由一个装在熔炼室的环型加热线组成。远聚焦多室电子束炉的电子源在距离熔池几英尺的隔离室中，且借助于孔板与熔炼室局部绝缘，其主要由熔炼室、电子枪、真空系统、电子束电源及其控制部分组成。电子束熔炼工艺参数主要包括熔炼功率、比电能、熔化速度、拉锭速度和真空度等。钽的熔炼通常采用电子束无坩埚区熔法。

二、真空自耗电弧熔炼

（一）基本原理

在真空下利用电极和坩埚两极间电弧放电产生的高温作热源，将金属材料熔化并在坩埚内冷凝成锭的过程，称做真空电弧熔炼。真空电弧熔炼又分自耗电极和非自耗电极熔炼。电极由被熔炼的金属制成，在熔炼中不断被熔化滴入坩埚冷凝成锭，称做真空自耗电弧熔炼。自耗电弧熔炼一般是用直流电源，以电极为阴极，以坩埚为阳极的熔炼。

（二）真空自耗电弧炉

真空自耗电弧炉按其结构形式可分为炉体固定式和炉体移动式；按铸锭方式可分固定铸锭式和抽锭式，但炉子的基本结构是相同的。其主要由炉体、真空系统、电极升降机构、主电源、坩埚系统、冷却系统等组成。真空自耗电弧熔炼工艺参数包括熔炼功率、熔炼速度、坩埚比、底垫、熔炼真空度等。真空自耗电弧炉主要用于钽的大尺寸或合金铸锭。

三、铸锭处理

经电子束熔炼或真空自耗电弧熔炼制得的钽铸锭，一般要经过扒皮除去表面缺陷，切除顶部缩孔，疏松部位，切除底垫，使尺寸、形状符合对坯锭的要求。铸锭的处理视铸锭质量而定，对钽铸锭也可不进行扒皮处理。

第六章　钽合金、晶体及碳化物的制取

第一节　钽合金的制取与加工

钽基合金是非常好的高温合金和耐蚀材料，具有耐高温、强度高、化学稳定性好的特性。但与铌基合金相比，发展速度不快，仍以针对空间核动力转换系统的需要为主。钽基合金一般成分并不复杂，以二元系和三元系居多。中国钽合金的研究与生产始于20 世纪60 年代中期，已有四十多年的历史，目前主要研制和生产的合金牌号有：Ta-10W、T-111、T-222 等。

一、钽合金的熔炼

钽合金的工业生产中钽合金熔炼过程与纯金属的熔炼相似，仅具体工艺有所差异。首先将粉末制成合金坯条，然后用高温烧结法或熔铸法获得锭坯或铸件。但以熔铸法用得最多，熔铸法又以电子束熔炼和电弧炉熔炼为主。

二、钽合金的加工

钽具有很好的塑性，极易进行塑性加工。采用常规的加工工艺（挤压、锻造、轧制和拉伸）就能生产出各种工业型材（管、棒、丝、带）。

钽及钽合金熔炼锭都具有粗大的晶粒组织，必须首先经挤压或热锻开坯（初始加工）破碎其晶粒之后，才能进一步加工成材。纯钽可以在室温下锻造开坯，钽合金开坯温度一般为1100～1200℃。加工过程中，钽合金表面氧化生成疏松的氧化物，且能渗入合金基体中，形成坚硬的渗透层，加工时产生裂纹。因此，在整个加工过程中要设法保护金属表面不被氧化。目前，钽坯料的保护方式有盐浴加热、涂层、包套、惰性气体保护等。

挤压法可生产不同规格的金属管、棒、型材；钽的铸锭可直接锻造成轧制板坯。可采用玻璃涂层作润滑剂；钽合金板材的轧制，通常采用二辊或四辊轧机，道次变形量为10%～15%，轧制2.5mm薄板时，总变形量为70%～80%。轧制2.5mm薄板时，采用煤油或棕榈油为润滑剂。

第二节 钽酸锂晶体的制取

钽酸锂晶体主要应用于激光领域，如全息照相及光存储。20世纪70年代后期，日本等国家用钽酸锂晶体制作电视机中频滤波器使其用途得到广泛的发展。

钽酸锂晶体制取的工艺过程包括多晶体的合成、拉晶、退火与极化三大重要环节。其中多晶体的合成包括高纯 Ta_2O_5 与光谱纯碳酸锂的配料、混合、压块和烧结，拉晶过程中控制温度梯度是晶体生长的第二个环节，适宜而稳定的热场是晶体生长的重要物理条件。此外，晶体因在非等晶炉中生长，受到热冲击引起应力，因此应在退火炉内退火，消除应力，防止开裂。

影响晶体质量的因素有：原料及配比、籽晶质量、温度梯度、拉速与转速、坩埚的形状等。另外，生产环境、器皿、炉膛及籽晶夹头和操作等对物料的污染，提拉设备的振动，温度的测量精度和功率控制等，都会对晶体的质量产生直接的影响。

第三节　碳化钽的制取

碳化钽硬度大、熔点高、高温性能好，主要用作硬质合金添加剂。添加碳化钽能细化硬质合金的晶粒，使其热硬度、抗热冲击和抗热氧化等性能得到显著提高。长期以来多以单一的碳化钽添加到碳化钨（或碳化钨与碳化钛）中，与黏结剂金属钴混合、成型、烧结生产硬质合金。为了降低硬质合金成本，往往使用钽铌复合碳化物，目前主要使用的钽铌复合物有：TaC∶NbC 为 80∶20 及 60∶40 两种，碳化铌在复合物中的最高量达到 40%（一般认为不超过 20% 为好）。

碳化钽制取方法是：氧化钽或钽粉末与碳混合，在高温、氢气保护下或真空条件下进行一次及二次碳化生成碳化钽。需要进行二次碳化的原因是第一次碳化由于多种因素的影响，碳化不彻底，产品中的化合碳、游离碳及杂质等都难达到要求。二次碳化在真空条件下过量的碳与钽生成碳化物。

影响碳化物质量的主要因素有：配碳量、原料粒度与纯度、装料方式、碳化温度、碳化时间、二次碳化等。

第七章　熔盐电解法制取金属钽

熔盐电解法与钠还原法一样，早已在钽工业生产实践中普及。钽铌的氧化物、氯化物、氟化物的理论分解压表明用熔盐电解它们的氧化物、氯化物和氟化物均可以制得金属钽和铌。

钽和铌的电解只在混合电解质组成的熔融盐体系中进行，目的是降低操作温度和提高电解质的导电性。在这些熔盐体系中，电解质的分解电压必须高于钽和铌化合物的分解电压才能获得纯金属钽和铌，实际分解压是随电解质的组成和温度的不同而有所变化的。

熔盐电解一般采用碱金属氯化物、氟化物作电解质，一则是它们的熔点较低，导电性较好；二则是它们在熔融状态下对钽化合物有一定的溶解度。电解过程析出的钽金属质量的影响因素主要有：电解质成分、电解温度、电流密度等。

第一节　氧化钽的电解

熔盐电解氧化钽制取钽粉采用 KCl、KF 和 K_2TaF_7 作电解质，生产钽粉时添加 Ta_2O_5，生产钽铌合金粉时添加 $(TaNb)_2O_5$。氧化钽电解是在熔盐电解中使 Ta_2O_5 电解，电解的结果是在阴极上析出金属钽，在阳极上析出氧。

第二节　氯化钽的电解

氯化物的电解是在熔盐电解质中使 $TaCl_5$ 电解，电解的结果是在阴极上析出钽，在阳极上析出氯气。

钽的高价氯化物在碱金属氯化物中是不溶的，但是氟化物离子溶于络合氯化物（$Na(K)TaCl_6$），因此，$TaCl_5$ 便溶解在碱金属氟化物或氟化物-氯化物熔盐中。氯化物电解制取钽的电解质体系为 KCl-KF-NaCl/$TaCl_5$，一般认为 KCl-KF-NaCl 体系中，电解钽五氯化物比在双氟化物中电解好。

第三节　氟化物的电解

氟化物电解是在熔盐中使氟络合物 K_2TaF_7 电解，电解结果是在阴极上析出金属钽，在阳极上析出氟气。

常见的钽氟化物熔盐电解质体系有 KCl-NaCl/K_2TaF_7 或

$KF\text{-}NaF/K_2TaF_7$，碱金属氯化物和氟化物是钽氟络合物很好的溶剂，它们也具有较高的分解电压。电解是在石墨坩埚作阳极，金属镍作阴极的电解槽中进行的。电解槽是密闭的，电解前可抽空并用氩气置换，电解时，电解槽内充满氩气，由流动的氩气来维持操作。电解所制得阴极产物，经水洗和酸洗，再水洗、烘干。

熔盐电解也用于钽（及钽铌基合金）的精炼以及制取这些金属的涂层，所研究的精炼方法中主要采用钽的氟络合物，碱金属氟化物（或加氯化物）的电解质体系。

第八章 钽加工工艺技术和装备

在钽、铌、铬、钼、钨、钒6种难熔金属中，钽具有最低的塑脆性转变温度（低于－196℃），变形抗力及加工硬化系数小，因此是最好加工的金属，在室温下采用常规塑性加工（挤压、锻造、轧制和拉伸）就可以生产出各种工业型材。

第一节 钽丝材的加工

钽丝材的生产通常采用粉末冶金法等静压成型、真空烧结制取钽棒；后经冷轧、表面清洗获得钽坯条；再经过表面氧化镀膜、拉伸、酸洗和水洗、退火的方法获得丝材。

一、等静压成型

制备钽棒的钽粉原料除化学成分符合规定要求外，粒度调配应满足 100% 小于 0.074mm（200 目），其中小于 0.038mm（400 目）的含量不小于 60% 的要求。压制成型后的棒坯要求表面无缺陷，无裂纹，具有一定强度，达到理论密度的 70%。

二、真空烧结

通常采用垂熔烧结，烧结真空度应小于 0.133Pa，最高烧结温度控制在 2600℃以内，一般要经过两次垂熔烧结，钽棒的相对密度才能达到 98% 左右，同时要求钽棒表面平滑，无裂纹、熔化瘤结、鼓泡等缺陷。

三、冷轧

钽丝材生产，钽棒的锻压一般采用冷轧工艺。其既可作为模锻前的制坯工序，也可直接辊制钽坯条。辊锻是使钽棒在装有圆弧形模边的一对旋转的锻辊中通过时，借助模槽使其产生塑性变形，从而获得所需要的钽坯条。

四、阳极氧化

阳极氧化的目的是在钽坯条（丝）金属表面均匀地镀上一层氧化膜，氧化膜作为润滑剂的载体使润滑剂能够均匀牢固地黏附其上，既能降低拉伸摩擦系数、保证钽丝表面质量，又能使金属与模具不直接接触，防止黏结，改善拉伸工艺性能。

氧化膜的标准是：附着性强、微密牢固、不易脱落；颜色一样、厚薄一致；绝缘性好、剩余电流小、表面少晶化现象。

五、拉伸

拉伸是钽丝材生产的一道主要工序，其润滑剂的选择、拉伸模具、拉伸道次、拉伸速度都将直接影响钽丝的质量。钽丝的拉伸有粗丝、细丝之分，粗拉带氧化膜的钽丝时一般采用固体蜡作润滑剂，细拉带氧化膜的钽丝时一般采用油脂+肥皂的水溶液作润滑剂。拉伸模具有硬质合金和金刚石两类，金刚石较好，但价格较贵。拉伸道次加工率主要取决于氧化膜的质量和润滑剂的好坏，其道次加工率见表4-2，拉伸速度见表4-3。

表4-2 钽丝拉伸道次加工率

直径范围/mm	3.00~0.80	0.75~0.55	0.50~0.20	<0.20
道次加工率/%	15~8	10~4	10~4	10~4

表4-3 拉伸速度

拉丝种类	拉丝速度/$m \cdot min^{-1}$
粗拉	1~2
中拉	2~4
细拉	1.5~2.5

六、表面清洗

拉伸后的钽丝表面粘有油污以及残留氧化膜，因此需进行表面清洗。先采用酸洗，后用纯水清洗。对于细丝来说，要严格控制酸洗的酸度和酸洗的时间，在保证钽丝氧含量达标和表面光亮度较好的情况下，应尽量降低酸度和酸洗时间。

七、真空退火

丝材的退火包括中间退火和成品退火两部分。中间退火的目的是消除加工硬化，提高丝材继续拉伸的加工塑性。而成品退火则是为了达到所要求的成品性能。钽在室温下具有很好的塑性，并且室温加工硬化趋势不大。实践表明，粉末冶金法生产的棒坯可一直加工到总变形率为95%左右；经电子束熔炼和自耗电弧熔炼的挤压棒坯总变形率可达99%以上。钽再结晶退火后，其室温塑性完全恢复。

八、丝材复绕

钽丝材经成品退火后为了便于材料出厂，一般应在一定复绕机上进行复绕。复绕时要防止表面粘污或划伤，防止扭折等现象。

第二节　钽板带箔材的加工

由于钽板、带、箔材的使用范围和使用要求不同，因此其加工方法和选用的原材料也不相同。一般应用于电子工业的钽板、带、箔材，其产品规格较小，用量较少，常选用粉末冶金法制取坯条，而应用于其他工业的大规格钽板、带材则选用真空熔炼法铸锭。

一、铸锭开坯

将钽锭/坯条经自由锻造开坯，再加工成各种钽材。钽在高温下很容易与氧、氮发生反应，不仅在表面上生成疏松的氧化物，而且氧可以渗入基体中，使加工困难。所以，钽除了温锻（加热温度为350～400℃），可在空气中裸体加热外，高温锻造加热都应采取一定的保护措施，其方法主要是在充有惰性气体的电炉或真空炉中加热，也可采用金属包套法和涂层法保护，其中以涂层法为好。对于纯度很高的钽铸锭，在室温下有很好的塑性，可以进行冷锻加工。但对一般纯度的钽铸锭，则采用温锻或高温锻造。

二、轧制

轧制就是借助轧辊旋加的压力使金属发生塑性变形的过程。轧辊为均匀的圆柱体，则这种轧辊称为平轧，用平轧进行的轧制，称为平辊轧制。平辊轧制主要用于生产板、带、箔等半成品。这种方法的特点是设备简单、生产效率高、产品成本低等。因此在稀有金属塑性加工中得到广泛应用。

第三节　钽管材的加工

钽管材有多种加工方法，其管材品种也有挤压管、轧制管、拉伸管、旋压管及焊接管等数种。

钽管坯制备方法主要有挤压、板片旋压和板带材焊接等；成品管材的生产方法主要有轧制、拉伸和旋压。

一、坯锭挤压

挤压就是对放在容器（挤压筒）中的锭坯的一端施以压力，使之通过模孔以实现塑性变形的一种压力加工方法。挤压有两种最基本的方法：正挤压和反挤压。由于受到空心挤压轴强度的限制，反挤压制品的最大外接圆尺寸比正挤压的小一半以上。另外反挤压周期较长，制品表面质量欠佳。

二、钽轧制管

冷轧管生产在国内外得到了迅速的发展。除二辊周期式冷轧管机外，还有多辊周期式冷轧管机、连续式冷轧管机、行星式冷轧管机以及各种类型的冷轧管机。

钽管材轧制一般是冷轧，如两辊冷轧管机和多辊冷轧管机。

两辊冷轧管的主要特点是：道次变形量大，可达90%；应力状态较好，可生产直径与壁厚比（*D/S*）为60～100的薄壁管；生产的产品力学性能高、表面质量好、几何尺寸精确；其缺点是设备结构复杂、投资大，生产率较低。

多辊式冷轧管的主要特点是：由于采用了3个以上的小直径轧辊，金属对轧辊的压力相对的降低，轧辊与芯棒的弹性变形小，因此可以生产高精度大直径的薄壁管材（D/S 可达150~250）；由于变形均匀，所生产出的管材表面光洁、质量好。

三、钽拉伸管

拉伸也是生产钽成品管材的主要方法之一。管材的拉伸有以下几种基本方法：

（1）空拉。拉伸时管坯内部不放置芯头，通过模子后外径减缩，管壁一般会略有变化。

（2）长芯杆拉伸。管坯中套入长芯杆，拉伸时芯杆随同管坯通过模子，实现减径和减壁。

（3）固定芯头拉伸。拉伸时，将带有芯头的芯杆固定，管坯通过模孔实现减径和减壁，此法在管材拉伸中应用最为广泛。

（4）流动芯头拉伸。拉伸时，借助于芯头所特有的外形建立起来的力平衡使它稳定在变形区中。

（5）顶管法。将芯杆套入带底的管坯中，操作时管坯连同芯杆一同由模孔中顶出，从而对管坯外径和内径尺寸进行加工。

（6）扩径法。管坯通过扩径后，直径增大，壁厚和长度减小。

四、管材热处理

管材热处理包括消除应力退火和再结晶退火（完全退火）。按退火在工序中的作用分为坯料退火、中间退火和成品退火。对钽铌管材来说，消除应力退火一般用于成品退火，再结晶退火一般用于中间退火。

第九章　钽的分析检测

钽的分析一般分为元素分析、状态分析、表面分析和观察分析等几大类。钽的化学成分分析主要有化学分析和仪器分析两大类，其常用方法见表 4-4。表 4-5 为各种分析方法的技术性能比较。表 4-6 为钽及其产品的状态分析、表面分析和观察分析的主要方法。

表 4-4　钽的化学成分分析常用方法

分析技术	分析方法	理论依据
化学分析法	重量法、滴定法、比色法	纯化学反应
电化学分析法	极谱法、离子选择电极法、电极氧化-还原法	电化学
分子光谱分析法	吸光光度法、荧光分光光度法、红外光谱法	分子光谱学
原子光谱分析法	原子发射光谱法、原子吸收光谱法、原子荧光光谱法	原子光谱学
X 射线分析法	X 射线荧光光谱法	X 射线光谱学
放射化学分析法	中子活化分析、质子活化分析	核物理、核化学
质谱分析法	电感耦合等离子质谱法、辉光放电质谱法	质谱学

表 4-5 各种分析方法的分析技术性能比较

分析技术	测定范围	测定元素	能否多元素同时测定	检出限	精度 RSD/%	设备费用
化学法	10^{-1} ~ 10^{-3}	大多数元素	不能	1×10^{-4} ~ 1×10^{-3}	1 ~ 5	小
X 射线光谱法	10^{-1} ~ 10^{-3}	原子序数为 9 以上的元素	能	1×10^{-4} ~ 1×10^{-3}	1 ~ 5	大
气体分析法	10^{-3} ~ 10^{-6}	H、O、C、N、S	不能	0.1×10^{-6} ~ 10×10^{-6}	5 ~ 10	中
极谱法	10^{-3} ~ 10^{-6}	大多数元素	不能	0.1×10^{-6} ~ 10×10^{-6}	1 ~ 5	中小
吸光光度法	10^{-3} ~ 10^{-6}	大多数元素	不能	1×10^{-6} ~ 10×10^{-6}	1 ~ 5	中小
火焰光度法	10^{-3} ~ 10^{-6}	碱金属、碱土金属元素	不能	0.1×10^{-6} ~ 10×10^{-6}	1 ~ 5	中小
火焰原子吸收法	10^{-3} ~ 10^{-6}	全部金属、部分非金属	不能	0.1×10^{-6} ~ 10×10^{-6}	1 ~ 5	中小
直接光谱法	10^{-3} ~ 10^{-6}	全部金属、部分非金属	能	0.1×10^{-6} ~ 10×10^{-6}	1 ~ 10	中
化学光谱法	10^{-6} ~ 10^{-9}	全部金属、部分非金属	能	0.001×10^{-6} ~ 0.1×10^{-6}	3 ~ 20	中
石墨炉原子吸收法	10^{-6} ~ 10^{-9}	全部金属、部分非金属	不能	0.001×10^{-6} ~ 0.1×10^{-6}	3 ~ 20	中
质谱法	10^{-6} ~ 10^{-9}	全部元素	能	0.001×10^{-6} ~ 0.1×10^{-6}	10 ~ 50	大
中子活化法	10^{-6} ~ 10^{-9}	大多数元素	不能	$<0.001\times10^{-6}$ ~ 10×10^{-6}	1 ~ 5	极大

表 4-6　钽及其产品的状态、表面和观察分析的主要方法

状态分析方法	表面分析方法	微组织结构分析方法
XDS	AES	AEM
FT-IR	ISCA	HVEM
HPLC	GDS	LEED
GC-MS	ISS	STEM
LC-MS	SAM	
HRELS	SIMS	
LPRM	UPS	
NMR	XPS	
RPLC		
ILC		

大部分仪器分析的样品均需要进行预处理（如化学处理），以减少对钽分析的干扰。

第五篇

钽的工业生产

第一章　世界钽原料的供给

第一节　钽原料类型

目前，一般把钽原料分为初级原料和二次原料。初级原料包括由矿山直接生产的铌钽精矿、高品位锡渣（$Ta_2O_5 \geq 10\%$）和次级钽精矿（$Ta_2O_5 > 15\%$，如钛铌钽精矿），利用含钽冶炼渣（如锡渣）、废料及低品位矿经过两级冶炼而得到的合成精矿。二次原料包括加工厂家内部产生的废料、消费者返回的废品和其他钽废料。

第二节　钽原料比例

世界上钽原料主要来源于初级原料。二次原料相对稳定，正常年份一般占钽原料总量的20%左右（见表5-1）。

表5-1　全球钽供应源

供 应 源	百分率/%
钽精矿	60

续表 5-1

供应源	百分率/%
次级精矿、人工合成精矿、锡渣	20
废料回收	20

注：资料来源于钽铌国际研究中心（TIC），2010。

第二章　钽初级原料的生产

第一节　世界钽矿山的精矿生产

一、世界钽资源来源地区

世界钽资源分布广泛，估计资源量和探明储量分别为31.7万吨和15.3万吨（均以氧化物计），见表3-4，而最重要的已开采（或可开采）资源在澳大利亚、中部非洲和南美地区。澳大利亚是目前世界钽原料的最大生产国，巴西、民主刚果、卢旺达、埃塞俄比亚、莫桑比克、尼日利亚、中国等也是重要的钽原料国。

二、世界钽精矿生产

自从2006年和2008年澳大利亚Global Advanced Metals（GAM）公司的Greenbushes和Wodgina两座矿山停产后，目前世界上运营的钽矿山主要有埃塞俄比亚的Kenticha矿、巴西的Pitinga矿、中国的宜春钽铌矿、南平矿和加拿大的Tanco公司钽矿。中非和南美从小河流冲积层和松软岩石矿床采集到的手工钽矿成为了钽精矿的重要来源，但多年以来刚果矿的开发风险和西方的阻挠一直阻碍了其境内的矿业投资。

加拿大、哥伦比亚、埃及、纳米比亚、沙特阿拉伯、南非、坦桑尼亚、委内瑞拉、津巴布韦正在进行钽矿勘探和/或小规模生产，从钽矿床勘探到手工采矿以及大矿山闲置，这些国家的生产情况千差万别。

另外，在东南亚特别是马来西亚和泰国仍然供应从锡渣中提取的钽，马来西亚北部历史上一直供应钽金红石精矿（一种钛铌钽矿），但这部分来源所占比例在减少。

三、世界钽精矿的产量

世界钽精矿产量的统计一直是一个比较困难的事情，这是因为除了正规矿山外，还有较大部分来自于手工矿，中间贸易商的收集和投机也影响产量的统计。因而不同单位有不同的统计数据。美国地质测量局的统计数据见表 5-2 和图 5-1。

表 5-2　2002～2011 年世界钽精矿（以 Ta_2O_5 计）生产量

（t）

年　份	2002	2003	2004	2005	2006	2007	2008	2009	2010	2011
巴　西	200	200	250	250	250	180	180	180	180	180
莫桑比克	12	75	280	81	70	—	—	113	120	120
卢旺达	53	14	40	40	62	42	100	104	110	110
澳大利亚	940	765	730	730	850	435	557	81	—	80

续表 5-2

年 份	2002	2003	2004	2005	2006	2007	2008	2009	2010	2011
加拿大	58	55	69	70	78	45	40	25	—	25
埃塞俄比亚	35	35	35	45	70	77	—	—	—	—
刚 果	60	15	60	25	—	—	100	—	—	—
其 他	182	51	46	19	20	36	193	162	271	270
合 计	1540	1210	1510	1260	1400	815	1170	665	681	785

注：资料来源于 USGS（美国地质测量局）。

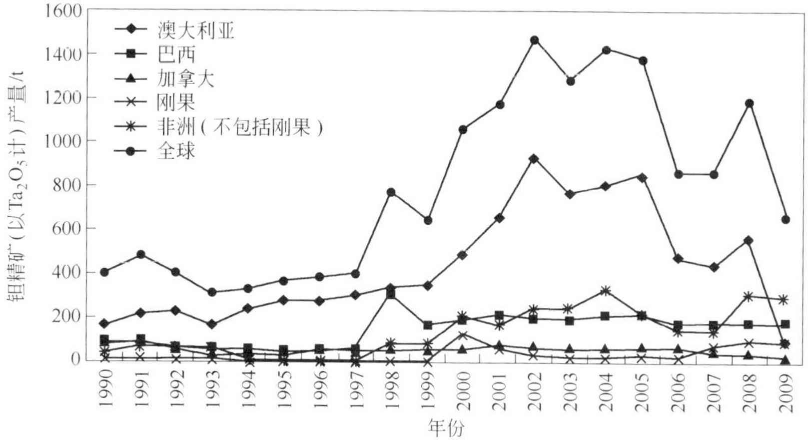

图 5-1 1990~2009 年全球钽精矿产量（按国家分）
（资料来源：USGS（美国地质测量局））

钽铌国际研究中心（TIC）统计了 2002~2012 年全球钽行业钽初级原料的生产量，如图 5-2 所示。

直到 2008 年，统计数据都被认为包含了行业绝大部分的产量。2009 年以后，一些矿山的关闭（除了随后一家拥有 50% 产能的矿山恢复了几个月的生产外）导致手工矿石

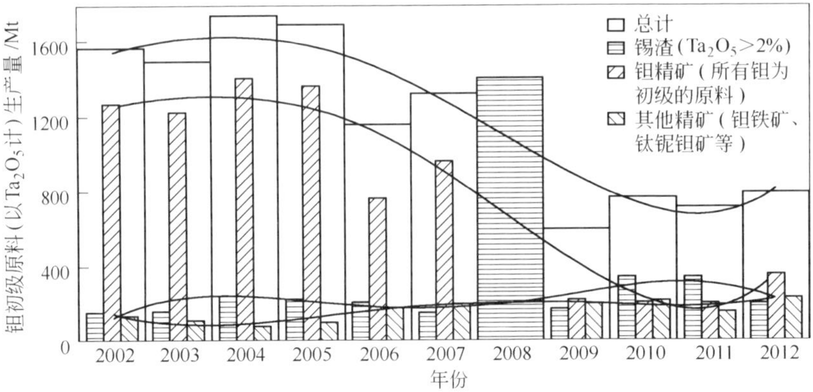

图 5-2 钽初级原料生产量

（2008 年值为预估值）

来源比重随之增长，但这些手工矿石难以单独统计，并且其中一部分包含在上面的数据内。因此，自 2009 年来，钽初级原料数据有时只包括 50% 的实际生产量。

四、中国钽精矿的产量

中国钽精矿的产量详见表 5-3 和表 5-4。

表 5-3 1996 ~ 2004 年中国钽铌精矿生产量

年　份	1996	1997	1998	1999	2000	2001	2002	2003	2004
生产量（以 Ta_2O_5 计）/t	80	79	80	93	101	127	89. 5	79	107

注：资料来源于何季麟，张宗国《中国钽铌工业的现状与发展》。

表 5-4 2005 ~ 2013 年中国钽铌精矿生产量

年　份	2005	2006	2007	2008	2009	2010	2011	2012	2013
生产量（以 Ta_2O_5 计）/t	100	98	—	88	83	86	75	75	72

注：资料来源于中国有色金属工业协会钽铌分会。

第二节　国外主要钽矿山及产能

国外主要开采矿山见表5-5。

表5-5　国外主要开采矿山

名　称	国　家	矿　主	年生产能力（以 Ta_2O_5 计）/t
Wodgina	澳大利亚	Global Advanced Metals（GAM）	589.67
Ptinga	巴　西	Paranapanema SA	90.72
Tanco	加拿大	Cabot Corp	—
Kenticha	埃塞俄比亚	EMDSC	54.43
Mibra	巴　西	Metallurg Group	45.36

注：资料来源于“Tantalum”，A supplement to Mining Journal，2007。

一、澳大利亚

澳大利亚全球先进金属公司（Global Advanced Metals，GAM）成立于2010年，是世界最大的钽生产企业，拥有格林布什矿（Greenbushes）和沃吉纳矿（Wodgina）两座矿山，合计占世界已探明钽储量的65%，钽精矿（以 Ta_2O_5 计）的总产能为1043t。该两座矿山曾由Talison矿产公司掌管运营，几乎占世界钽供应量的1/3，从2006年以来，两个钽矿一直处于维护保养状态。

（一）格林布什矿

格林布什矿位于西澳大利亚西南部（距澳大利亚珀斯南210km），储量大约为2万吨 Ta_2O_5，具有每年544t钽精矿（以 Ta_2O_5 计）的生产能力。不过从2006年以来格林布什矿的钽矿石开采一直处于“维护保养”期，该矿露天开采地段生产锂辉石（一种锂矿石）。图 5-3 所示为澳大利亚格林布什矿采矿作业。

(a) (b) (c) (d)

图 5-3 澳大利亚格林布什矿的采矿作业

（a）Cornwall 钽锡露天矿深两百多米；（b）Cornwall 矿坑下倾处构筑工程；（c）检查金刚石钻头；（d）Cornwall 钽锡露天矿开采作业

（二）沃吉纳矿

沃吉纳矿位于澳大利亚西北部（距澳大利亚黑德兰港南

120km)，蕴藏着世界最大的钽资源，储量大约为 2.4 万吨 Ta_2O_5，矿石产能达 180 万吨/年，具有超过 454t 钽精矿（以 Ta_2O_5 计）的生产能力。2008 年年底因金融危机关闭至今。沃吉纳矿生产的钽矿石在卖给客户前，被运到格林布什工厂进行精加工。图 5-4、图 5-5 所示分别为 Wodgina 矿锡石山矿区及 Wodgina 钽矿石初加工工厂。

图 5-4 Wodgina 矿锡石山矿区

（图片来源：Tantalum in Western Australia）

图 5-5 Wodgina 钽矿石初加工工厂

二、巴西

Companhia Industrial Fluminense（CIF）公司隶属于AMG高级冶金集团，拥有纳萨雷诺矿（Mibra），该矿位于巴西米纳斯吉拉斯州，矿石年采选能力为60万吨，年产136t钽精矿（以Ta_2O_5计）。该公司目前进行的扩产，可能将年产量扩大到204t，约占全球钽矿石产量的20%。图5-6所示为Mibra钽矿全景图。

图5-6 Mibra钽矿全景图

（图片来源：TIC）

三、非洲

（一）埃塞俄比亚

埃塞俄比亚矿产开发股份公司（EMDSC）是一家国有

正规的矿业公司。该公司是非洲主要的钽矿生产商，在亚的斯亚贝巴以南600km处的奥罗莫州肯提察矿（Kenticha）从事钽铌矿开采并生产钽铌精矿。该矿区已发现的钽矿总储量大约有2500t Ta_2O_5。肯提察矿EMDSC公司曾三次扩产，2011年产能为58t钽精矿（以Ta_2O_5计）。

2012年2月埃塞俄比亚政府邀请国外投资者参股EMDSC公司，为Kenticha矿山第四次扩产和新建稀有金属加工厂筹集资金。若工程完成后Kenticha矿的产能将扩大到年产钽精矿（以Ta_2O_5计）84t；新建的稀有金属加工厂将具有生产氟钽酸钾等钽铌加工产品的能力。据了解，目前该项目仍然在招标中。图5-7所示为埃塞俄比亚EMDSC的肯提察矿。

图5-7 埃塞俄比亚EMDSC的肯提察矿（Kenticha）

（二）中非

刚果、卢旺达的钽铁矿石主要来自于当地的溪流，用手挖掘和平底锅淘选钽铁矿石。刚果是中非地区钽铁矿最大的来源地，卢旺达的钽铁矿石也来自刚果的基伍湖地区。估计2007年中非钽铁矿产量约为138t（以Ta_2O_5计），2008年上半年贸易统计数据显示，刚果的钽铁矿石（或铌钽铁矿石）供货量约为220t（以Ta_2O_5计），比2007年上半年的供货量增长60%。

（三）西非

尼日利亚的钽铁矿石也主要是通过手工淘选获得。2007年创立的Mekios采矿有限公司（尼日利亚政府固体矿物发展部支持）在一个指定地点收购矿石，然后按特定粒度筛分并用磁力或静电选矿机分选。依据联合国贸易数据资料，2007年尼日利亚向全球市场供应了91t钽铁矿石，已成为全球市场重要的钽铁矿石供应国。

（四）莫桑比克

莫桑比克是世界上重要的钽铌资源国和生产国之一，钽铁矿原矿储量约750万吨，主要分布在赞比西亚省。2008年莫桑比克钽铌精矿产量为359.6t，钽产量占世界总产量的9.4%。莫桑比克国内最大的钽铌矿山是赞比西亚省的马罗比诺（Marropino），矿山寿命为6年，其经营者是加拿大Noventa矿业有限公司，2008年产钽精矿（以Ta_2O_5计）65.13t，Noventa公司计划将该矿年产能扩大到205～250t（以Ta_2O_5计）。Noventa已经对Marropino结晶花岗岩地带和Marropnio南部地区开展了探矿工作。

四、加拿大

在加拿大有大量的碳酸盐岩和伟晶岩矿床含有钽铁矿。

由美国 Cabot 公司完全控股的加拿大钽矿业公司（Tanco）是唯一的钽生产商，它开采曼尼托巴省的贝尔尼克湖矿床。在 2013 年之前钽铁矿石产量可以保持在 68t，届时几乎耗尽现有储量。

五、俄罗斯

俄罗斯拥有几座世界上最大的钽矿，其总储量估计有 30 万吨（以 Ta_2O_5 计），半数以上的矿夹在其他矿中，尚未开发或不具备开采价值。最有名的矿床位于伊尔库茨克州的别诺泽明斯克及赤塔州的乌拉格坦泽克，但这些矿区的进一步开发因基础设施不完善而受阻。

第三节　世界人工合成精矿的生产

人工合成钽精矿（主要来自锡渣）的主要生产商是德国斯达克公司（H. C. Starck）所属 Laufenberg 厂、GFE 公司的 Weisweiler 厂和泰国的冶金精炼公司（Thaisarco），三家公司的合计产量约占世界人工合成钽精矿的 90%。

第四节　中国主要矿山及产能

一、中国钽铌矿山及采选能力

中国钽铌矿山及采选能力见表 5-6。

表 5-6 中国主要钽铌矿山概况

矿山名称	所属矿业公司	地理位置	采选能力 /$kt \cdot a^{-1}$	主要产品
宜春钽铌矿	江钨集团	江西宜春	495	钽铌、锂精矿
南平钽铌矿	闽宁钽铌矿开发有限公司	福建南平	—	钽铌精矿
横峰葛源钽铌矿	江西省地质矿产勘查开发局	江西横峰	92	钽铌精矿
恭城钽铌矿	广西栗木有色公司	广西恭城	495	钽铌、钨精矿
横山钽铌矿	广东肇庆有色金属公司	广东广宁	13	钽铌精矿
秦樊钽铌矿	泰美钽铌矿有限公司	广东博罗	13	钽铌精矿
可可托海矿务局	新疆有色金属工业集团	新疆富蕴	230	钽铌、锂、铍精矿
阿勒泰矿	新疆有色金属工业集团	新疆阿勒泰	99	钽铌、锂、铍精矿
马尔康钽铌矿	—	四川阿坝	76	钽铌、锂精矿

二、中国主要钽铌矿

（一）江西宜春钽铌矿

宜春钽铌矿（曾用名 414 矿），现隶属于江西钨业集团有限公司，位于江西省宜春市袁州区南东新坊乡境内，距宜春市区 25km，矿区面积为 $7km^2$。目前拥有资产 2.25 亿元，职工 1100 名。图 5-8、图 5-9 所示分别为宜春钽铌矿矿区及宜春钽铌矿采矿场。

宜春钽铌矿是中国目前规模最大的露采钽矿，累计探明储量：钽（以 Ta_2O_5 计）1.85 万吨、铌（以 Nb_2O_5 计）1.49

图 5-8　宜春钽铌矿矿区

图 5-9　宜春钽铌矿采矿场

万吨、铷（以 Rb_2O 计）40.17 万吨、铯（以 Cs_2O 计）5.43 万吨。每年生产 45～54t 钽精矿（以 Ta_2O_5 计）。2008 年 11 月 26 日，宜春钽铌矿扩能改造工程开工，工程总投资 3 亿元，工程建成后将形成日处理矿石 7500t，年产钽铌精矿（以 Ta_2O_5 计）750t、年产锂云母精矿 15 万吨、年产锂长石粉 120 万吨的生产规模。目前，该工程已建成投产。

（二）福建南平钽铌矿

南平钽铌矿隶属于由福建省闽北地质大队与宁夏有色金属冶炼厂（东方钽业原控股股东）、南平市矿业开发总公司共同组建的闽宁钽铌矿开发有限公司。南平钽铌矿资源储量大（总储量2332万吨，氧化钽储量4227t），品位高（平均Ta_2O_5为0.0303%），于2000年建成投产，每年生产钽精矿（以Ta_2O_5计）约68t。2014年初该矿山因为位于武夷山景区，不便继续开采而停产。

第五节　世界有潜力的钽矿

一、目前世界上有前景的钽矿

目前世界上有前景的钽矿及其储量见表5-7。

表5-7　世界上有前景的钽矿及其储量

矿山名称	国家和地区	矿产所有人	储量（以Ta_2O_5计）[①]/t
Ghrayyah	沙特阿拉伯	Tertiary Minerals	9.6×10^4
Nuweibi	埃　及	Gippsland	13970
Abu Dabbab	埃　及	Gippsland	3289[②]，6804
Motzfeldt	格陵兰	Angus & Ross	7484
江苏苏州	中　国	—	6713
湖南香花岭	中　国	—	5534
广东博罗	中　国	—	5443
Morrua	莫桑比克	Noventa	3583
湖南金竹陇	中　国	—	3084
江西横峰	中　国	—	2994
Marropino	莫桑比克	Noventa	2585
Upper Fir	加拿大	Commerce Resources	2495

续表 5-7

矿山名称	国家和地区	矿产所有人	储量(以 Ta_2O_5 计)①/t
广西栗木水洗庙	中　国	广西有色金属集团	2177
Mt Deans	澳大利亚	哈丁顿资源	1950
新疆可可托海	中　国	新疆有色金属工业集团	1043
Verity	加拿大	Commerce Resources	680
McAllister，Alabama	美　国	Wasser LLC	544
新疆阿拉泰	中　国	新疆有色集团	299
Rosendal	芬　兰	Tertiary Minerals	268
Binneringie	澳大利亚	Haddington Resources	227
Bald Hill	澳大利亚	Haddington Resources	109
广西栗木老虎头	中　国	—	100
Caicara	巴　西	Angus & Ross	73②

注：资料来源于 Tantalum，A supplement to Mining Journal，September 2010。
①为推论储量或初步推测储量，除非另有说明；
②为探明储量。

二、国外在/待开采的特大型钽矿

（一）埃及 Abu Dabbab 矿

Abu Dabbab 矿位于埃及阿莱姆港西北 40km 的沙漠中，储量（含推测储量）达 3.3 万吨（以 Ta_2O_5 计），含有长石和锡。澳大利亚的吉普斯兰（Gippsland）有限公司与埃及政府部门（EGMSA）计划开发，若投产每年可以生产 300t 钽精矿（以 Ta_2O_5 计），可成为继沃吉纳矿之后世界第二大生产矿山。

Globe 金属矿产公司也计划使 Malawi 的 Kanyika 项目投入全面生产，每年可生产约 190t 钽精矿（以 Ta_2O_5 计）和

200t 铌铁以及氧化铀和硅酸锆副产品。

（二）沙特阿拉伯的 Ghurayyah（古赖亚）钽铌稀土矿

古赖亚矿床于 1978 年被首次发现，矿床深度达 229m，估计 Ta_2O_5 储量为 9.3 万吨。

（三）格陵兰岛南部的 Motzfeldt 多金属矿床

Motzfeldt 多金属矿床是一个未来有潜力的大型铌钽矿，可能还有稀土元素为副产品，该矿区资源总体储量为 5 亿吨。

最近几年，由于钽市场的快速增长而引发寻找钽资源的探矿活动不断增加。通过对许多含钽矿床进行调查，目前探矿活动集中在碳酸盐岩及过碱性花岗岩和 LCT（富含锂、铯、钽）型花岗岩为主的矿床（见表 5-8）。

表 5-8 新近勘探的铌钽矿床

矿床	地点	公　司	类　型	资源[①]/万吨	Nb_2O_5 含量/%	Ta_2O_5 含量/%
Anita	加拿大	Les Mineraux Crevier	碳酸盐岩霞石正长岩	2375	0.186	0.019
Motzfeldt	格陵兰岛	Ram Resources	碱性-过碱性伟晶岩	50000	0.13 ~ 0.15	0.011 ~ 0.013
Crevier	加拿大	MDN 公司	碳酸盐岩霞石正长岩	2540	0.2	0.023
Kanyika	马拉维	Globe Metals and Mining	碱性-过碱性伟晶岩	2100	0.41	0.018

续表 5-8

矿床	地点	公　司	类　型	资源① /万吨	Nb_2O_5 含量/%	Ta_2O_5 含量/%
Abu Dabbab	埃　及	Gippsland	富含锂、铯、钽型花岗岩	4450	不适用	0. 025
Nuweibi	埃　及	Gippsland	富含锂、铯、钽型花岗岩	9800	0. 0095	0. 014
Marropino	莫桑比克	Noventa	—	740	不适用	0. 023
Upper Fir	不列颠哥伦比亚	Commerce Resources Corp.	碳酸盐岩霞石正长岩	3640	0. 17	0. 019

①包括各类资源。

三、中国待开发钽矿

（一）新疆探明特大型铌钽矿床

据媒体报道，已探明新疆南部阿克苏地区拜城县境内埋藏一座特大型稀有金属铌钽矿床，预测铌矿资源储量超过 10 万吨，钽矿资源储量超过 1 万吨，另外还有铪等其他稀土金属，这个特大型铌钽矿储量已经超出了中国已探明的铌矿总储量。该矿由新疆子栖矿业有限公司投资建设，项目包括采矿和选矿两部分，采矿采用露天开采方式，选矿采用重选—磁选—浮选工艺，年生产规模为 2000 万吨。

（二）江西葛源铌钽矿床

据媒体报道，江西葛源铌钽矿床是目前中国探明资源储量规模最大的特大型铌钽矿床，Ta_2O_5 金属储量为 29942t，推断和预测远景 Ta_2O_5 金属储量为 22858t，成为目前亚洲最大的钽铌矿，其储量相当于宜春钽铌矿的三倍。矿床工业类型为钠长石化花岗岩型铌钽（铷）矿，矿石矿物成分简单、易选，具有良好的综合利用价值。

（三）江苏苏州发现超大型钽铌矿

据媒体报道，江苏省地质调查研究院在苏州浒墅关镇境内发现一超大型钽铌矿。该矿属花岗岩型钽铌矿床，矿床规模大，品位稳定，除有钽、铌主要成分外，还伴生有锂、铷、铯、锆、铪等稀有金属元素。现查明资源储量位居亚洲第三，品位居同类矿床之首。

（四）内蒙古发现特大型钽铌矿

据媒体报道，内蒙古地勘一院探明内蒙古武川县赵井沟钽铌矿体钽铌金属量 8279.55t（钽金属量 4523.95t、铌金属量 3755.60t），同时还伴生有锂、铷、铯、锆、铪等稀有金属元素。初步预测，整个矿区远景钽铌金属量有望超过 5 万吨。

（五）陕西省首次发现特大型稀有金属钽铌矿资源

据新华网 2014 年 1 月 23 日报道，陕西省首次发现两处特大型稀有金属钽铌矿。据了解，圈定 5 条铌矿带共 26 条铌矿体，铌（钽）资源量超过 30 万吨（大于或等于 10 万吨为大型）。

第三章　钽的冶炼与加工生产

第一节　世界主要钽冶金产品分类及产量

一、主要钽冶金产品分类

主要钽冶金产品可以分为六大类，包括：化学制品（Ta_2O_5、$TaCl_5$、K_2TaF_7 等）、钽粉、碳化物、钽锭、钽合金和钽加工材（钽轧制品、钽制品等）。

二、世界钽冶金产品供货量统计

由于很难直接得到国外钽冶炼加工厂家的产品产量数据，一般通过统计生产厂家当年产品供货量作为参考，见表5-9、图5-10（数据来源：TIC）。

表 5-9　2005～2009 年世界钽冶金产品供货量　（t）

年　份	2005	2006	2007	2008	2009
化学制品（Ta_2O_5，$TaCl_5$，K_2TaF_7）	299	390	499	680	499
电容器钽粉	862	953	907	907	454
钽轧制品	349	499	590	590	358
钽　锭	136	172	113	231	145
钽硬质合金	181	177	159	181	104
其他钽制品①	259	340	331	336	381
总　计	2086	2531	2599	2925	1941

①冶金级钽粉、未锻轧金属、废料及其他。

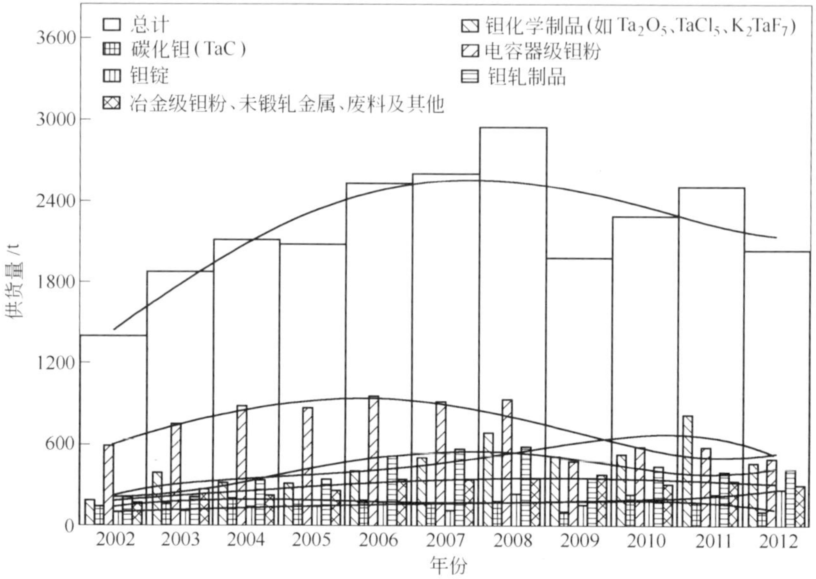

图 5-10 2002～2012 年世界钽冶金产品供货量

2012 年钽冶金产品总供货量按产品类别细分如下：从 2011 年起钽化合物供货量从 33% 下降到 23%；电容器级钽粉与上年相比供货量下降了 14%，占 24%；轧制品占 20%；冶金级钽粉末占 15%；钽锭占 13%；碳化钽占 5%。总体来说，钽供货量下降 19%，只是轧制品供货量小幅上升 3%，钽锭上升 24%。2002～2012 年各类钽冶金产品供货量如图 5-11 所示。

三、中国主要钽冶金产品产量

中国主要钽冶金产品产量见表 5-10。

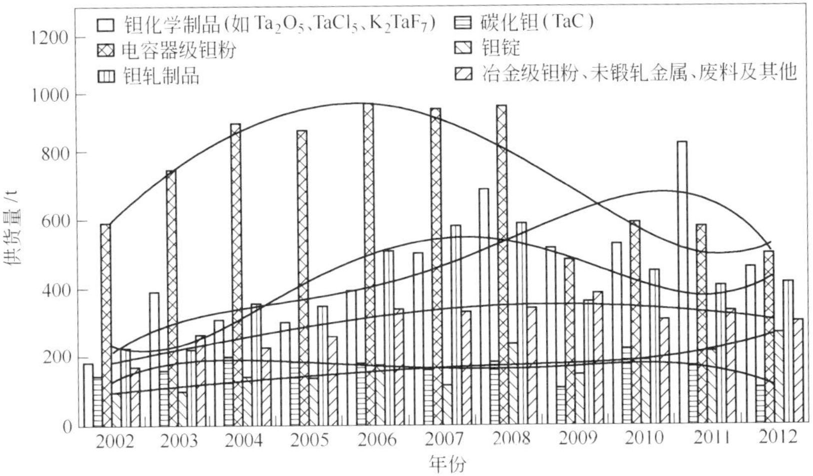

图 5-11　2002～2012 年各类钽冶金产品供货量（非全部）

表 5-10　中国主要钽冶金产品产量　（t）

年　份	2005	2006	2007	2008	2009	2010	2011	2012	2013
化学制品（Ta_2O_5）	68	103	—	209	239	388	383	306	306
电容器级钽粉	99	156	—	292	188	349	315	262	249
冶金钽粉	165	180	—	181	167	166	160	98	128
电容器级钽丝	36	57	—	149	123	168	143	108	88
钽　锭	60	100	—	46	140	97	112	113	155
钽制品	—	—	—	—	76	118	107	58	106

注：数据来源于中国有色金属工业协会钽铌分会。

第二节　世界主要钽冶炼与加工生产企业

世界主要的钽冶炼加工厂商是德国斯达克公司

（H. C. Starck）、澳大利亚全球先进金属公司（原美国 Cabot Supermetals）和中国宁夏东方钽业股份有限公司（OTIC），形成世界钽业三强鼎立的局面。

一、国外主要钽冶炼加工企业产品种类

国外主要钽冶炼企业及其产品种类见表 5-11。

表 5-11　国外主要钽冶炼企业及其产品种类

所在国家	公司名称	产品种类
德国	H. C. Starck	人造精矿、铌钽冶金产品、钽铌材、钽阳极、合金
	W. C. Heraeus Gmbh	钽冶金产品、钽医疗机械
	Freiberger NE-Meatal	金属铌、铌锆合金
	GfE	人造精矿、各种钽制品
美国	H. C. Starck	钽粉、各种钽材
	Cabot	氧化物、氟化物、钽粉、合金、各种钽铌材
	Metallurgy Ins.	人造精矿、钽合金
	Kennamatal Ins.	钽铌碳化物
	Intermet Resources	碳化物、合金、加工材
日本	H. C. Starck-V Tech	钽粉、合金加工材
	昭和-Cabot	钽粉、各种钽材
	三井矿业冶金公司	铌钽氧化物、碳化物、金属
	新金属公司	碳、氮、硼等化合物
泰国	H. C. Starck	铌钽冶金产品
	Thaisarco	人造精矿、钽铌冶金产品

续表 5-11

所在国家	公司名称	产品种类
巴　西	Cis Estanbo Minas Brasil	各种钽冶金产品
	Cis Industrial Fluminense	钽铌氧化物
俄罗斯	SC Sevredmet	各种钽铌冶金产品
	Jsc Uralredmet	钽铌氧化物、金属
	Solikamck	钽铌氧化物、铌铁
哈萨克斯坦	Ulba metallurgical plant	钽粉、铌粉、钽丝、钽锭、TaW/NbTi/NbZr 合金锭
爱沙尼亚	Sinamae	钽铌氧化物
英　国	Mamor Mincracao Metallurgia	钽铌氧化物
法　国	Cerex	钽铌氧化物

二、国外主要钽冶炼加工企业

（一）美国卡博特公司

美国卡博特公司（Cabot Corporation）是一家特殊化工与应用材料公司，成立于 1882 年，总部位于美国马萨诸塞州的波士顿，其产品范围涵盖四大类：碳烟、特种流体、超级金属、金属氧化物等。卡博特公司在美国和其他 19 个国家设有 39 个生产基地，在美国化工企业排名中位于前 100 名。

卡博特公司涉及钽部分产业的包括位于加拿大的 Tanco 和卡博特超级材料公司（Cabot Supermetals）。Tanco 是卡博特的全资公司，主要生产钽精矿。卡博特超级材料公司（CS）在美国宾夕法尼亚州博耶城有两个钽加工厂，主要生产钽化合物、氟钽酸钾、钽电容器级钽粉（包括专有的高压钽粉产品）和钽铌金属及其合金等冶金产品（见表5-11）。该公司还持有日本昭和卡博特超级金属50%的股份，公司在日本会津若松市的钽工厂生产高容量钽粉。卡博特超级材料公司（CS）也是全球三大钽制造商之一。

卡博特超级材料公司（CS）已于2011年8月被澳大利亚Global Advanced Metals（GAM，全球高级金属公司）以4亿美元收购。

GAM公司网址为 http://www.globaladvancedmetals.com。

（二）德国斯达克公司

德国斯达克公司（H. C. Starck）是一个国际性集团公司，在欧洲、北美和亚洲共设有13个生产工厂，员工总数2700多人。H. C. Starck早先是德国拜耳集团的全资子公司，2006年3月27日德国Bayer集团宣布将H. C. Starck出售给Advent和Carlyle两大财团，这项交易最终于2007年2月完成。

H. C. Starck是全球领先的材料供应商，德国公司的总部设在慕尼黑，主要从事难熔金属与陶瓷粉末及其制品的研发与生产，包括钽（Ta）、铌（Nb）、钨（W）、钼（Mo）与铼（Re）等难熔金属粉末和金属制品以及高级陶瓷。H. C. Starck生产用于P/M的雾化合金及纯金属粉末超过800种，此外，还生产烧结添加剂，如氮化物、碳化物及硫化物等，其钽粉、钨粉、钽质溅射靶以及镍铌制品在全球市场占有率排名第一。

H. C. Starck 涉及钽铌金属的工厂除了设在德国下萨克森州（Lower Saxony）的 Goslar 工厂外，在世界各个国家的工厂还包括位于美国马萨诸塞州的纽顿工厂、日本本州（Honshu）的 H. C. Starck-V Tech 和泰国马普塔普特（Map Ta Phut）的泰钽公司，它们生产的主要产品见表 5-11。

H. C. Starck 网址为 http：//www. hcstarck. com/en。

第三节 中国主要钽冶炼与加工生产企业

一、中国主要钽冶炼加工企业产品种类

中国主要钽冶炼加工企业及其产品种类见表 5-12。

表 5-12 中国主要钽冶炼加工企业及其产品种类

企业名称	产品种类
宁夏东方钽业股份有限公司	钽铌氧化物、碳化物、氟化物，钽、铌粉末、钽丝、钽铌金属及合金轧制品（管、棒、锭、板带材），钽铌靶材，钽酸锂、铌酸锂晶体，钽铌制品等
江西九江钽铌冶炼厂	钽铌氧化物、氟化物、碳化物，钽粉
株洲硬质合金集团钽铌事业部	钽铌氧化物、氟化物，钽、铌粉末，钽、铌金属及合金条、锭轧制品
广东肇庆多罗山蓝宝石稀有金属有限公司	钽铌氧化物、氟化物，钽粉、钽丝、其他钽铌金属制品
广东从化钽铌冶炼厂	钽铌氧化物、氟化物，钽粉，铌铁合金
广东江门富祥电子材料有限公司	钽铌氧化物、氟化物，钽粉、钽丝

二、中国主要钽冶炼及加工企业

（一）宁夏东方钽业股份有限公司

宁夏东方钽业股份有限公司（OTIC）成立于1999年4月30日，是经国家经贸委批准，由宁夏有色金属冶炼厂（原控股股东）为主发起人，联合其他四家发起人以发起方式设立的股份有限公司，是中国钽铌行业最早的上市公司。1999年11月22日公开发行A股6500万股，2000年1月20日在深圳证券交易所挂牌上市，证券简称“东方钽业”，证券代码：000962。

东方钽业位于宁夏新材料工业科技园区，集钽、铌、钛、铍稀有金属生产和科研于一体，是国内最大的钽铌产品生产基地和科技先导型的钽铌研究中心；是科技部认定的国家重点高新技术企业，是国家高新技术研究发展计划成果产业化基地；是国际钽铌研究中心（TIC）组织在中国最早的正式会员单位，亚洲唯一的执行委员单位；设有国家级钽铌特种金属材料工程技术研究中心、宁夏特种材料重点实验室和宁夏第一个国家级博士后工作站。

截至2011年末，东方钽业资产总额45.68亿元，净资产23.76亿元。现有职工总数2457人，其中中国工程院院士1人，享受国务院特殊津贴待遇的国家级专家3人，教授级高工5人，具有高级职称48人，中级职称165人，大学及中专以上学历的各类专业技术人员1461人。

东方钽业跻身世界钽铌行业三强，主导产品电容器级钽粉和钽丝品种、规格、质量均居世界领先水平，电容器级钽粉产销量一直位居世界前三名，钽丝产销量连续十年稳居世界首位，多年来与美、英、德、日、韩等国的钽铌电容器世界顶级制造商建立了长期稳定的商务合作伙伴关系。

公司网址：http：//www. otic. com. cn。

（二）株洲硬质合金集团有限公司

株洲硬质合金集团有限公司的前身为“601 厂”，于1955 年动工兴建，1958 年竣工投产。1972 年改名为株洲硬质合金厂。2002 年株洲硬质合金厂完成整体改制，株洲硬质合金集团有限公司正式注册成立，现隶属于中国五矿湖南有色金属集团，是中国最大的硬质合金生产与科研、经营和出口基地企业，也是世界 5 大硬质合金生产厂之一，拥有国家级技术研发中心、硬质合金重点实验室，是中国最早从事钽铌生产和研究的企业。钽铌制品事业部是该公司的全资事业部，钽（铌）产品主要有钽（铌）制品、钽丝、钽（铌）金属粉末（电容器级和冶金级）、钽铌及其合金轧制品等。

公司网址：http：//www. 601. cn。

（三）广东肇庆多罗山蓝宝石稀有金属有限公司

肇庆多罗山蓝宝石稀有金属有限公司是以多罗山钨矿为主体的中外合作企业，成立于 1994 年 5 月，1996 年初正式投入生产运营，主要从事稀有金属钽、铌的研发、生产、销售，同时还有镉镍电池、氢镍电池、锂离子电池开发、生产和销售，属广东省重点高新技术企业，是中国钽铌行业新星。截至 2011 年末，共有职工 1218 人，其中专业技术人员

526 人，占职工总人数的 43.19%，包括具有中、高级职称职工 38 人。

该公司产品分为钽产品、铌产品、镉镍电池、氢镍电池、锂离子电池五大类，其中钽粉、钽丝、高纯氧化钽、高纯氧化铌、氟钽酸钾、氢镍电池是主导产品，达到年产氟钽酸钾 500t，钽粉 120t，钽丝 40t，高纯氧化钽、高纯氧化铌年产 40t，氢镍电池年产 1000 万只的能力。

公司网址：http：//www.duoluoshan.com。

（四）江西九江有色金属冶炼有限公司

九江有色金属冶炼有限公司前身为九江有色金属冶炼厂，位于江西省九江市庐山东麓的郊区新港镇杨家场村，西距九江市 20 公里，是国家 20 世纪 60 年代末规划、70 年代兴建的钽、铌冶炼加工企业，是钽铌国际研究中心（TIC）的会员，现隶属于江西钨业集团有限公司。现有钽铌矿冶炼处理能力 1600t 和高性能稀土荧光粉 300t 的年生产能力。主要产品年生产能力为：氧化钽 180t（其中超高纯氧化钽 120t），氧化铌 570t（其中超高纯氧化铌 400t），钽粉 60t，其他钽金属 20t，铌金属 30t，碳化钽 50t，碳化铌 50t。公司占地面积 80 多万平方米，注册资金为 5800 万元，在册职工共 600 人，其中专业技术人员有 360 多人。

公司网址：http：//www.jjtanbre.com.cn。

（五）广东从化钽铌冶炼厂

从化钽铌冶炼厂位于中国广东省从化市太平镇神岗赤草，是专门从事钽铌科研开发、冶炼生产的省级高新技术企业。始建于1960年，原名“723厂”，1970年改名从化钽铌冶炼厂，现归属于广东省广晟有色金属股份有限公司。2009年1月，广东广晟有色金属集团有限公司通过中国证监会批准，在上交所借壳“ST聚酯”成功，2010年股票更名为“广晟有色”（证券代码：600259）。

从化钽铌冶炼厂拥有净资产2500多万元，有较雄厚的技术力量和装备。现有职工近300人，其中各类专业技术人员占职工总数的1/3，该厂以稀有金属钽、铌冶炼为主业，年总生产能力超过1000t，其中：钽粉50t，氟钽酸钾300t，高纯氧化铌40t，高纯氧化钽20t，普通氧化铌300t，普通氧化钽50t，铌铁合金240t。

公司网址：www. ctns723. com。

（六）泰克科技（苏州）有限公司

泰克科技（苏州）有限公司坐落在苏州市相城经济开发区，占地4.5万平方米，是一家集研发、设计、生产、销售、服务于一体的现代化高科技外商独资企业，是中国有色金属工业协会钽铌分会的理事单位之一，从事硬质合金、有色金属复合材料、新型合金材料的开发、生产和销售。主要产品有：钽铌产品、钽铌固溶体粉末、碳化钽粉末；碳化钨硬质合金棒材；硬质合金刀具；片形、球形银粉，低温薄膜导电银浆等。

该公司拥有现代化高洁净厂房及产品检测中心，并通过检测和校准实验室能力认可。

公司网址：http：//www. taike-sz. com。

（七）广西有色栗木矿业有限公司

广西有色栗木矿业有限公司前身是栗木钽铌-锡矿，是广西有色金属集团于2009年整合了原栗木锡矿、桂林新源钽业公司而成立的子公司，下设恭城分公司和临桂分公司，是以钽铌（钨、锡）为主，集采、选、冶、深加工为一体的综合发展的国有独资工矿企业。

2010年12月31日，广西有色栗木矿业有限公司投资兴建的钽铌（钨锡）资源冶炼综合利用技改项目在广西桂林市恭城县虎尾工业园区举行开工奠基仪式。该项目计划总投资4.8亿元，规划建设钽铌冶炼和钨冶炼生产线。项目建成后，年生产钽铌产品氟钽酸钾500t，氧化钽50t，氧化铌200t，钨产品仲钨酸铵、氧化钨共5000t，副产品粗锡3000t。

公司网址：http：//www.glysjs.com。

第六篇

钽的消费

第一章　国际市场钽的价格

第一节　钽精矿的价格

钽精矿的价格通常以精矿中的 Ta_2O_5 计价。历年来钽精矿的价格相对稳定，几乎都是稳定在 80 美元/kg 以下，其价格随着需求的增长逐渐上涨。但历史上也出现过三次大幅上涨，给钽行业带来很大冲击。如钽精矿的价格，1978 年以前每千克在 40 美元以下，1979 ~ 1981 年出现第一次高涨，最高价为 260 美元。1982 ~ 1999 年稳定在 5060 美元；2000 ~ 2002 年出现第二次高涨，最高价达每磅 460 美元。2003 ~ 2009 年为 60 ~ 80 美元。2008 年由于全球金融危机的影响以及钽价大幅下跌，澳大利亚的大型钽矿山在 2008 ~ 2009 年期间停产。随着全球经济的复苏，钽工业对钽资源需求逐渐增加以及大型钽矿山停产导致钽矿价格一路飙升，钽铁矿（30% ~35% Ta_2O_5）由 2010 年年初的 80 美元/kg 上涨到 2011 年最高 270 美元/kg。2012 年底至 2013 年上半年，受美国债务悬崖和欧元区债务危机持续发酵的影响以及用户消耗库存，钽精矿价格一路下跌到约 120 美元/kg，此后趋稳并小幅反弹，2014 年 5 月份维持在 180 美元/kg 左右的水平。图 6-1 所示为世界历年钽精矿价格变化情况。

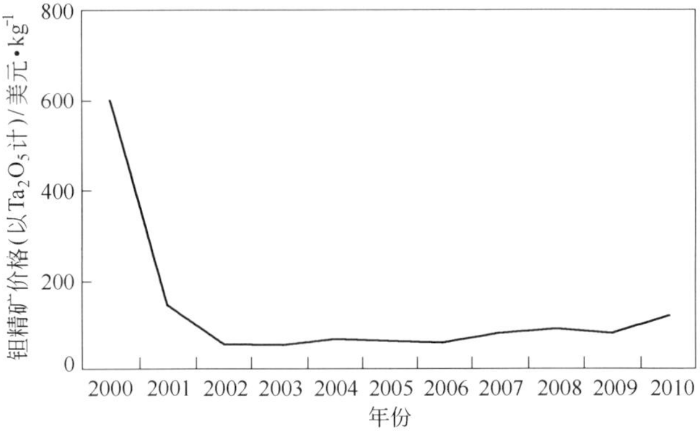

图 6-1　2000 ~ 2010 年期间钽精矿价格

第二节　钽废料的价格

钽废料作为钽原料的一个重要组成部分，一般占钽原料总量的 20% 左右，其价格受到初级原料和钽金属价格的影响，大致随钽精矿价格的波动而起伏。图 6-2 所示为 2004 ~ 2014 年钽废料价格变化情况。

第三节　钽金属产品历年价格

电容器级钽粉和钽丝、钽轧制品、真空级金属钽的价格

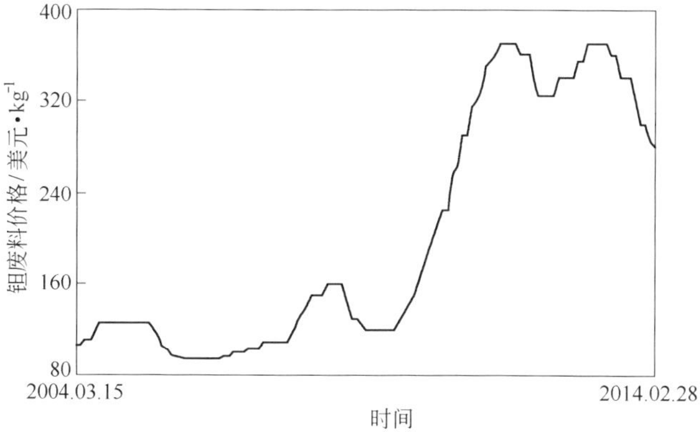

图 6-2 2004～2014 年钽废料价格

见表 6-1。

表 6-1 1992～1999 年钽制品的价格（美元/kg）

年份	电容器级钽粉	电容器级钽丝	钽轧制品	超合金用金属钽
1992	264～309	—	—	132
1993	264～391	375～441	331～441	132～198
1994	264～375	375～463	331～441	132～198
1995	264～429	375～507	331～441	132～198
1996	276～485	375～507	331～463	132～198
1997	298～529	397～551	—	165～209
1998	298～529	397～551	—	165～209
1999	298～573	397～595	—	165～220

第二章 世界钽电容器厂钽原材料进货量

钽电容器生产所需的钽粉、钽丝及钽制品、熔炉部件和烧结托盘在钽冶金产品的生产中占有较大的比重。钽电容器生产厂家历年的进货量如图 6-3、表 6-2 所示。

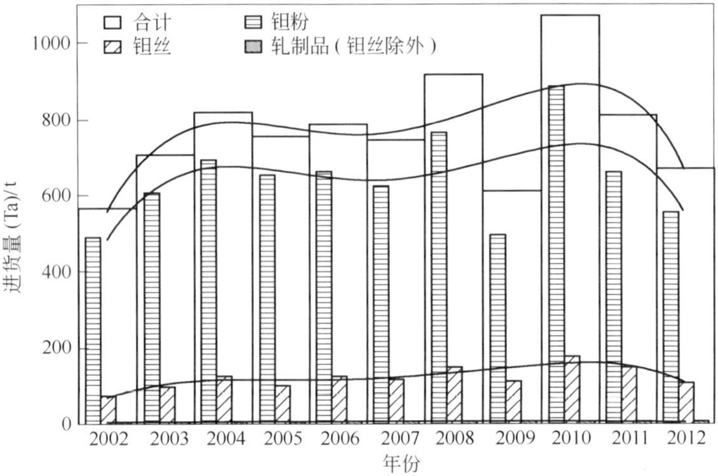

图 6-3　世界钽电容器厂的进货量

（数据来源：TIC）

表 6-2　世界钽电容器厂的进货量　　（t）

年　份	2005	2006	2007	2008	2009
钽　粉	635	680	635	771	499
钽　丝	100	122	118	150	113
轧制品（钽丝除外）	0	0.09	1.5	2.7	0.7
合　计	735	802.09	754.5	923.7	612.7

注：数据来源于 TIC。

第三章　世界钽供应预测

第一节　世界初级钽原料的供应预测

未来几年世界初级钽原料的供应量将会逐渐增加，这一方面来自于钽市场需求的增长，另一方面也是由于钽冶炼加工企业以及钽电容器厂家这几年库存的消耗。如果澳大利亚的钽矿山不恢复生产，来自于非洲的手工矿石仍然要占较大比例，初级钽原料供应预测及供需平衡如图 6-4 和图 6-5 所示。

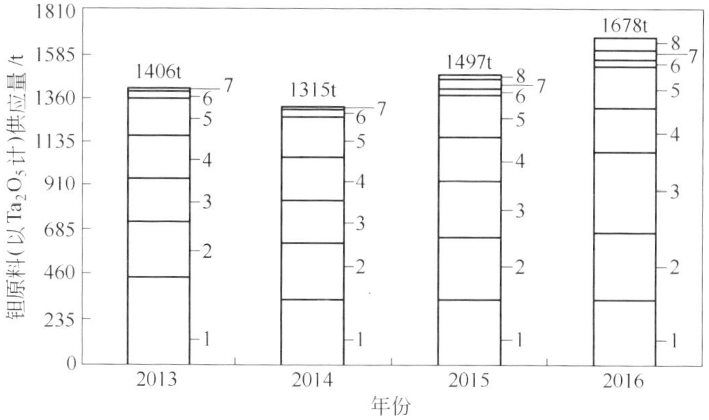

图 6-4　初级钽原料供应预测

（资料来源：Roskill）

1—中非；2—南美；3—非洲其他地区；4—人工合成精矿；

5—中国；6—欧洲；7—澳大利亚；8—北美

第二节　世界钽产品的供应预测

世界钽产品的供应预测及供需平衡如图 6-6 和图 6-7 所示。

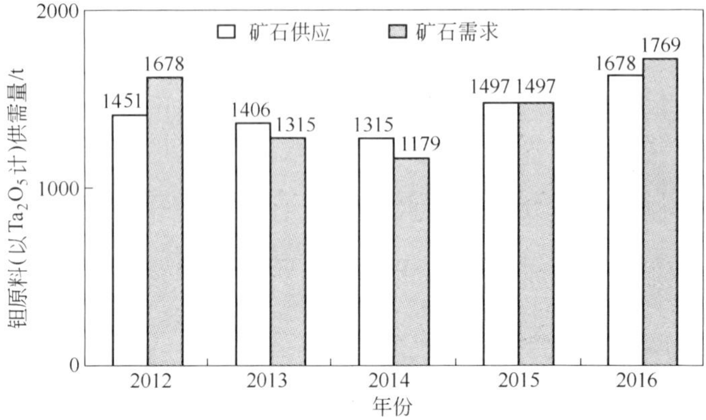

图 6-5　世界初级钽原料供需平衡图

（资料来源：Roskill）

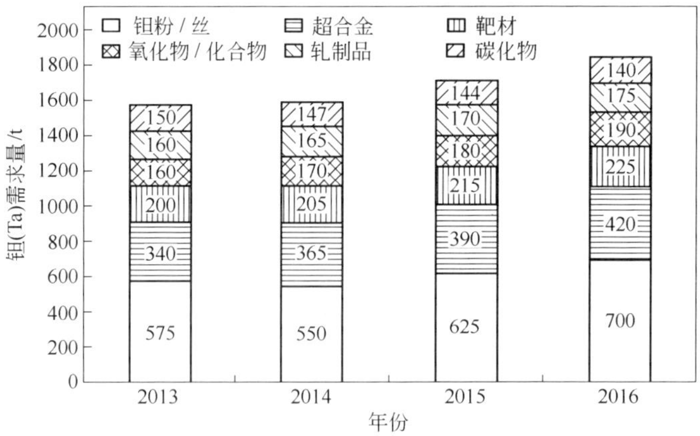

图 6-6　世界钽需求预测（按产品类别划分）

（资料来源：Roskill）

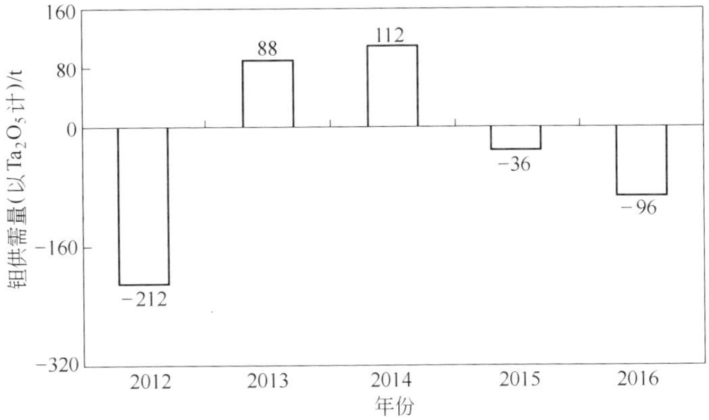

图 6-7 世界钽供需平衡图

（资料来源：Roskill）

第四章 美国钽市场

美国、德国、日本和中国是钽精矿主要消费国家，也是钽金属及合金、钽制品的主要出口国和消费国。

美国是世界最大的钽消费市场，美国国内公司用进口钽精矿生产钽合金、化合物和钽金属，也用国内外回收的废料生产钽金属和合金。美国消费的钽产品主要是钽合金、钽化合物、钽制品、钽锭和钽粉，估计钽电容器钽用量占 60% 以上，2009 ~ 2014 年美国钽消费和进出口情况见表 6-3。

表 6-3 2009 ~ 2014 年美国钽消费和进出口统计

年 份	2009	2010	2011	2012	2013	2014[④]
二级原料产量	NA	NA	NA	NA	NA	NA
进口消费量[①]/t	798	1600	1850	1010	1110	921

续表 6-3

年　份	2009	2010	2011	2012	2013	2014④
出口量①/t	326	438	648	577	844	782
政府储备物资市场投放量②	—	—	—	—	—	—
表观消费量/t	473	1160	1210	437	260	139
钽铁矿价格(以 Ta_2O_5 计)③/美元·t^{-1}	80	108	250	216	118	110
净进口依存度（按表观消费量的百分率计）	100	100	100	100	100	100

注：NA：Not available（不详）。

①进出口量值包括铌中的估算钽含量、钽矿石和精矿、未锻轧钽合金、粉末、钽废料和其他钽物件；

②美国国防后勤署 DLA 战略材料报道的政府储备库存是作为估算政府储备物资市场投放量的依据；

③价格是美联（Ryan）新闻中报道的年平均价格。

④ 2014 年的各项数据为预测数。

美国地质调查局（USGS）报告提到，按进口商品价值测算，2012 年美国钽消费估值约为 2.85 亿美元，2013 年超过 3.00 亿美元。

2012 年钽原材料（包括钽精矿、钽金属和钽废料）进口国及地区有：中国 35%，哈萨克斯坦 17%、德国 14%、泰国和爱沙尼亚各 9%，印度尼西亚、澳大利亚和日本各 3%，英国 2%，中国台湾 1%，其他国家和地区 4%，如图 6-8 所示。

2010～2013 年美国钽精矿主要进口国为：巴西 31%，加拿大 19%，澳大利亚 12%。美国钽金属主要进口国为：中国 28%，哈萨克斯坦 27%，泰国 14%，德国 13%，其他国家 18%。美国的钽废料主要来自爱沙尼亚（占 20%）、俄罗斯（占 13%）和中国（占 12%），其他国家占 55%。2010～2013 年美国钽原料（包括含铌钽矿、钽精矿、钽金

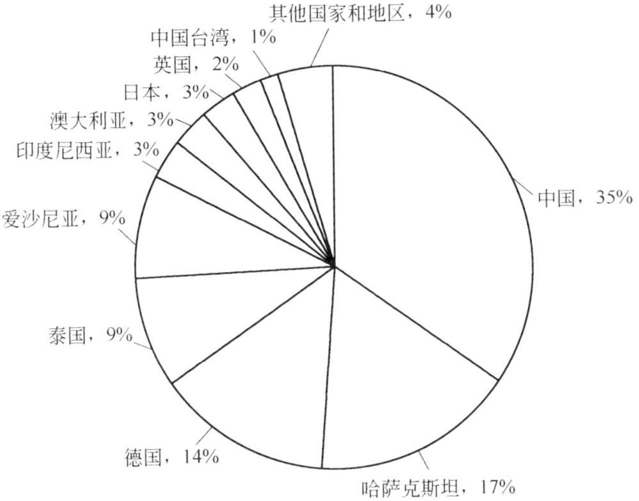

图 6-8　2012 年美国钽原料进口国及地区所占比例

属和钽废料）进口国为：中国 21%，德国 12%，哈萨克斯坦 10%，俄罗斯 7%，其他国家和地区 50%。

2007 ~ 2012 年美国钽进出口贸易价格与总额统计如图 6-9 所示。

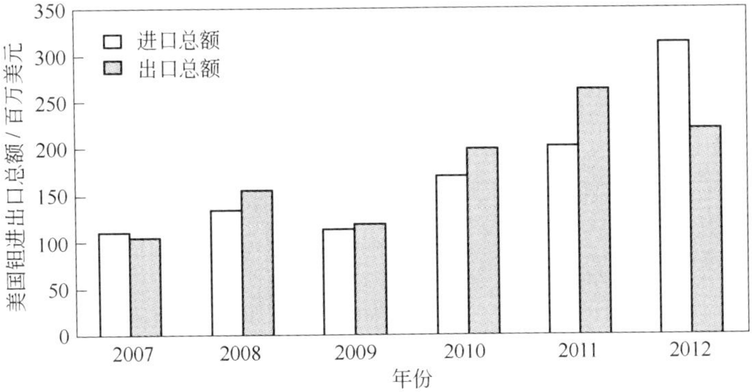

图 6-9　2007 ~ 2012 年美国钽进出口贸易统计

美国地质调查局统计了1964～2012年全球和美国钽的生产和消费的相关数据，见表6-4。

表6-4 美国地质调查局钽数据统计①

年份	矿山产量/t	二级钽原料产量/t	生产商供货量/t	美政府供货量/t	进口量/t	出口量/t	政府储备/t	表观消费量/t	单位价值②/美元·t⁻¹	单位价值③/98美元·t⁻¹	世界产量/t
1964	0	23	NA	184	353	54	1790	231	17500	92100	NA
1965	0	32	NA	75	385	57	1870	352	20900	108000	NA
1966	W	45	NA	251	608	59	2090	632	35000	176000	NA
1967	W	50	405	260	955	64	2310	785	27600	135000	NA
1968	W	41	362	0	558	95	2090	472	17500	82200	NA
1969	W	16	446	98	360	104	1950	586	19200	85300	388
1970	0	11	507	73	440	106	2300	410	19200	80700	318
1971	0	14	436	3	464	91	2150	536	17500	70400	496
1972	0	18	494	40	525	113	1930	690	15200	59300	371
1973	0	18	682	121	566	146	1810	682	21500	78900	384
1974	0	23	762	401	785	197	1910	906	37700	125000	436
1975	0	2	392	39	423	194	2080	100	43100	131000	411
1976	0	23	589	4	594	201	1900	602	47500	136000	339
1977	0	20	646	0	933	244	1860	670	66300	178000	409
1978	0	25	687	0	639	275	1740	505	106000	265000	362
1979	0	23	771	0	868	327	1250	653	249000	559000	476
1980	W	55	685	0	1030	320	1480	538	284000	562000	544
1981	W	43	447	0	717	101	1570	572	101000	181000	403
1982	W	40	400	－15	493	154	1450	481	60600	102000	284
1983	0	18	461	0	94	119	NA	536	79400	130000	313
1984	0	59	582	0	330	174	NA	762	86100	135000	315
1985	0	41	461	－115	119	145	NA	363	61200	92700	315
1986	0	34	462	0	148	142	NA	372	58500	87000	215
1987	0	57	506	0	127	171	NA	381	70000	100000	275
1988	0	59	523	0	239	256	NA	422	135000	186000	292
1989	NA	54	372	0	536	195	NA	376	72700	95600	395
1990	NA	54	NA	0	320	200	NA	390	88800	111000	396
1991	NA	50	NA	0	359	180	NA	370	76000	91000	477

续表 6-4

年份	矿山产量/t	二级钽原料产量/t	生产商供货量/t	美政府供货量/t	进口量/t	出口量/t	政府储备/t	表观消费量/t	单位价值②/美元·t⁻¹	单位价值③/98 美元·t⁻¹	世界产量/t
1992	NA	55	NA	0	434	150	NA	375	78100	90700	399
1993	0	60	NA	0	457	170	NA	410	70000	79000	292
1994	0	85	NA	0	383	190	NA	430	70700	77800	333
1995	0	100	NA	0	481	220	NA	515	74700	79900	361
1996	0	100	NA	34	563	290	NA	524	74700	77600	436
1997	0	115	NA	20	467	340	NA	570	88800	90200	562
1998	0	148	NA	213	588	440	NA	738	91400	91400	779
1999	0	110	NA	5	564	480	NA	555	91400	89400	656
2000	0	130	NA	242	900	530	NA	650	591000	559000	1070
2001	0	110	NA	-53	1160	640	NA	550	99500	91600	1180
2002	0	100	NA	16	1040	510	NA	500	80500	82000	1340
2003	0	NA	NA	336	957	619	NA	674	80200	71100	1390
2004	0	NA	NA	127	1540	984	NA	679	80000	66400	1430
2005	0	NA	NA	210	1630	984	NA	852	94000	75800	1380
2006	0	NA	NA	289	1160	949	NA	498	87500	70700	859
2007	0	NA	NA	0	1160	511	NA	644	100000	78700	1060
2008	0	NA	NA	0	1290	662	NA	629	118000	89200	1300
2009	0	NA	NA	0	798	326	NA	473	108000	82200	770
2010	0	NA	NA	0	1600	438	NA	1160	146000	109000	644
2011	0	NA	NA	0	1850	648	NA	1210	336000	244000	767
2012	0	NA	NA	0	1010	577	NA	437	292000	207000	670

注：NA：not available（不详）；W：对上报公司专有数据保密。

①数据表由 D. A. Buckingham（退休），L. D. Cunningham（退休），M. J. Magyar 和 J. F. Papp. 编制；表中数据是计算、估算或报道的数据。

②单位价值（美元/t）：即 1t 钽表观消费量的价值。1964～2011 年的单位价值数据是基于多家外贸杂志报道的钽铁矿年终平均价格，以美元/每磅五氧化二钽含量为单位，并使用以下等式换算成含钽量：单位价值 =（年终平均价格 ×2204.623）/0.8189674。年终平均价格数据来自《截止到 1998 年的美国金属价格》和《美国矿物年鉴》。

③单位价值（98 美元/t）：居民消费价格指数换算系数，以 1998 年为基准年，用来调整以美元现汇结算的单位价值与以 1998 年美元常数结算的单位价值之间的换算。

第五章 日本钽市场

第一节 日本国内钽供需变化

日本没有钽矿山，也没有钽的湿法工厂，其钽原材料全部需要进口，主要是钽化合物、钽粉和钽加工材。

据日本新金属协会钽分会资料报道，2012 年日本国内钽需求比 2011 年下降 15.8%，为 410t，其中钽粉末、化合物合计下降 26.6%，为 256t，钽靶、板、棒、管同比增长 11.6%，为 154t。2013 年日本国内钽产品的实际用量如下：钽粉末 134t；化合物 85t；靶材、线、板材等加工材 120t，实际消费量均低于 2012 年，需求合计为 339t，下降幅度超过 20%。日本国内历年钽需求量变化见表 6-5。

表 6-5 日本国内历年钽需求量统计

年份	钽粉末				钽化合物				钽加工品			
	需求量/t	与上年相比/%	进口/t	与上年相比/%	需求量/t	与上年相比/%	进口/t	与上年相比/%	需求量/t	与上年相比/%	进口/t	与上年相比/%
1966	11	—	3	—	14	—	4	—	6	—	0.2	—
1967	15	+36	5	+67	18	+29	6	+50	8	+33	0.3	+50
1968	17	+13	6	+20	25	+39	6	0	10	+25	1	+67
1969	26	+53	11	+83	30	+20	8	+33	13	+30	1	0
1970	37	+42	17	+55	45	+50	10	+25	18	+38	3	+200
1971	22	-41	10	-41	40	-11	7	-30	11	-39	2	-33

续表 6-5

年份	钽粉末				钽化合物				钽加工品			
	需求量/t	与上年相比/%	进口/t	与上年相比/%	需求量/t	与上年相比/%	进口/t	与上年相比/%	需求量/t	与上年相比/%	进口/t	与上年相比/%
1972	37	+68	14	+40	34	-15	6	-14	13	+18	1	-50
1973	72	+95	24	+71	53	+56	17	+183	20	+54	2	+100
1974	81	+13	34	+42	45	-15	15	-12	26	+30	4	+100
1975	35	-57	18	-47	24	-47	6	-60	11	-58	0.8	-80
1976	85	+143	35	+94	31	+29	5	-17	23	+109	1	+25
1977	76	-11	26	-26	38	+23	6	+20	25	+9	3	+200
1978	74	-3	28	+8	44	+16	12	+100	28	+12	5	+67
1979	105	+42	45	+61	52	+18	14	+17	38	+36	3	-40
1980	93	-11	29	-36	42	-19	14	0	37	-3	6	+100
1981	71	-24	13	-55	35	-17	9	-36	28	-24	2	-67
1982	60	-15	14	+8	38	+9	11	+22	26	-7	3	+50
1983	79	+32	16	+14	43	+1	9	-18	30	+15	0	-100
1984	117	+48	21	+31	61	+42	15	+67	54	+80	9	—
1985	96	-18	19	-10	53	-13	12	-20	35	-35	2	-78
1986	85	-11	19	0	50	-6	14	+17	35	0	0.4	-80
1987	109	+28	22	+16	48	-4	15	+7	42	+20	6	+1400
1988	159	+46	35	+59	55	+15	17	+13	79	+88	24	+300
1989	120	-25	28	-20	59	+7	24	+41	48	-39	3	-88
1990	145	+21	24	-14	71	+20	29	+21	49	+2	1	-67
1991	139	-4	21	-13	70	-1	30	+3	65	+33	7	+600
1992	100	-28	11	-48	64	-9	22	-27	53	-18	7	0
1993	118	+18	6	-45	53	-17	18	-18	53	0	4	-43

续表 6-5

年份	钽粉末				钽化合物				钽加工品			
	需求量/t	与上年相比/%	进口/t	与上年相比/%	需求量/t	与上年相比/%	进口/t	与上年相比/%	需求量/t	与上年相比/%	进口/t	与上年相比/%
1994	117	-1	11	+83	66	+25	23	+28	72	+36	7	+75
1995	149	+27	24	+118	73	+11	27	+17	92	+28	6	-14
1996	152	+2	22	-8	67	-8	25	-7	104	+13	5	-17
1997	155	+2	19	-14	78	+16	26	+4	101	-3	3	-40
1998	156	+1	13	-32	76	-3	27	+4	88	-13	0	-100
1999	185	+19	25	+92	63	-17	16	-41	104	+18	57	—
2000	269	+45	36	+44	157	+149	33	+106	126	+21	70	+23
2001	116	-57	19	-47	85	-46	38	+15	95	-25	39	-44
2002	181	+56	15	-21	81	-5	41	+8	109	+15	49	+26
2003	219	+21	19	+27	109	+35	45	+10	116	+6	48	-2
2004	214	-2	19	0	140	+28	48	+7	108	-7	48	0
2005	223	+4	30	+58	125	-11	45	-6	124	+15	51	+6
2006	277	+24	43	+43	122	-2	42	-7	147	+19	56	+10
2007	237	-14	19	-56	124	+2	42	0	134	-9	72	+29
2008	214	-23	8	-81	106	-13	30	-29	124	-16	75	+34
2009	188	-12	9	+13	86	-19	20	-33	81	-35	37	-51
2010	244	+30	26	+189	106	+23	22	+10	110	+36	56	+51
2011	245	+0.004	33	+27	104	-2	24	+9	138	+25	58	+4
2012	159	-35	39	+18	97	-7	23	-4	154	+12	49	-16
2013	134	-84	—	—	85	-88	—	—	120	-78	—	—

注：需求量包括进口量；化合物按纯钽粉换算表示；资料来源于日本新金属协会。

第二节 日本钽进出口贸易

一、日本钽原料及制品的进出口

钽原料及制品的进出口统计见表6-6所示。其中2011年进口总量是2010年的66%，为460t；出口总量是2010年的71%，为368t。钽原料进口量是2010年的64%，为441t，其中占进口量六成的氟钽酸钾大幅减少是造成进口减少的主要因素。钽锭、钽粉（金属钽）进口量增加，见表6-6。

表6-6 日本钽金属进出口量（以纯钽粉计）统计（t）

年份		2002	2003	2004	2005	2006	2007	2008	2009	2010	2011
原料氟化物[①]	进口	358	269	498	372	514	489	361	206	485	275
	出口	—	—	—	—	—	—	—	—	—	—
钽锭、钽粉	进口	58	189	142	64	118	70	91	43	86	92
	出口	108	252	270	231	264	242	175	133	249	144
钽废料	进口	25	56	62	101	110	56	106	60	70	44
	出口	90	83	88	50	126	122	64	43	109	67
小计	进口	441	514	702	537	742	615	558	309	641	411
	出口	198	335	358	281	390	364	239	176	358	211
	进口－出口	243	179	344	256	352	251	319	133	283	200
半成品、成品、其他	进口	49	55	59	62	92	79	72	37	54	49
	出口	79	87	88	108	140	137	144	117	157	157
	进口－出口	－30	－32	－29	－46	－48	－58	－72	－80	－103	－108
合计	进口	490	569	761	599	834	694	630	346	695	460
	出口	277	422	446	389	530	501	383	293	515	368
	进口－出口	213	147	315	210	304	193	247	53	180	92

注：资料来源于日本财务省贸易统计。

①氟化物按纯钽粉换算率为46%计。

日本氟钽酸钾的进口来源见表6-7。2011年进口量大幅减少，为275t，是2010年的57%，从主要来源国美国、德国的进口量减少是其主要原因。

表6-7 日本氟钽酸钾进口（以纯钽粉计）统计 （t）

年份		2002	2003	2004	2005	2006	2007	2008	2009	2010	2011	2011年与2010年相比/%
进口国	美国	191	95	257	73	147	331	227	132	316	147	46
	德国	74	130	163	99	190	158	131	72	166	86	52
	泰国	44	4	—	—	1	—	3	2	4	42	1050
	中国	48	40	78	199	176	—	—	—	—	—	—
合计		358	269	498	372	514	489	361	206	485	275	57

注：资料来源于《日本矿产资源年鉴2012》；财务省贸易统计。

二、日本钽电容器进出口

钽电容器是钽金属的主要用途之一，日本钽电容器进出口统计见表6-8。手机用电容器已经不再必须依赖钽电容器了，但在其他领域，如汽车电子、笔记本电脑、电视、航空航天材料等，钽电容器依然是重要零件，今后也将会继续保有其重要性。

表6-8 日本钽电容器进出口统计 （百万只）

年份	出口	进口
2008	3422	1961
2009	2017	1327

续表 6-8

年 份	出 口	进 口
2010	1845	1053
2011	1377	915
2012	2079	389

三、日本钽进出口价格

日本钽原料及半成品进出口价格见表 6-9。2011 年钽矿石价格受上半年价格持续上涨影响，超过了 2010 年的价格。氟钽酸钾的价格在 2002～2010 年间比较稳定，2011 年其价格大幅上升是 2010 年的 127%。

表 6-9 日本钽进出口价格 （美元/kg）

年 份		2002	2003	2004	2005	2006	2007	2008	2009	2010	2011	2011 年与 2010 年相比/%
氟化物	进口	138	118	122	124	117	119	122	119	123	156	127
	出口	—	—	—	—	—	—	—	—	—	—	—
钽锭钽粉	进口	326	290	295	286	281	315	254	305	336	436	130
	出口	571	392	444	582	486	415	464	559	542	750	138
钽废料	进口	76	69	88	80	46	59	78	61	150	338	225
	出口	106	67	41	36	41	66	90	80	137	161	118
其他钽制品	进口	464	446	427	391	287	306	351	387	452	631	140
	出口	812	768	693	611	482	502	466	401	449	538	120

注：资料来源于《日本矿产资源年鉴 2012》；财务省贸易统计。

第六章 中国钽市场

第一节 中国钽精矿进口

中国钽精矿进口情况见表6-10和图6-10。

表6-10 2007~2011年中国钽精矿进口量（按国别分）

（kg）

进口国	2007年	2008年	2009年	2010年	2011年
澳大利亚	99741	453272	34534	34534	—
埃塞俄比亚	123201	93738	294085	294085	241718
莫桑比克	69976	110488	93607	93607	134125
卢旺达	1389284	1655642	2479340	893434	1634086
南　非	89785	99424	66055	2479340	61319
坦桑尼亚	71109	75080	24207	66055	162584
民主刚果	65000	171263	121167	24207	184368

注：资料来源于中国海关统计。

第二节 中国钽原料及制品进出口

中国钽原料及制品进出口情况见表6-11和表6-12。

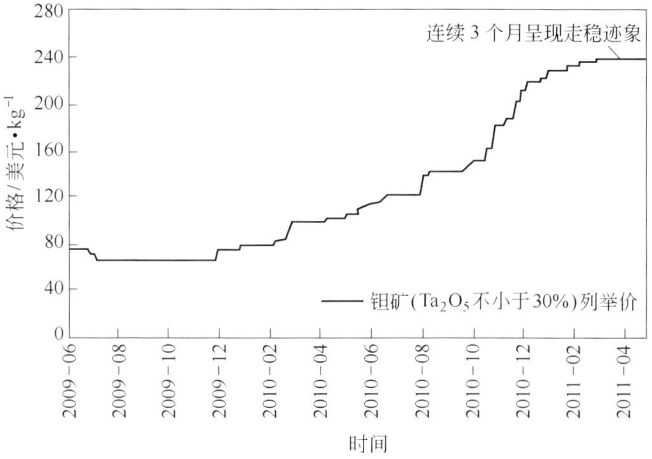

图 6-10　中国进口钽精矿价格走势

（资料来源：华泰联合证券研究所）

表 6-11　2007～2011 年中国钽原料及钽产品进出口量（实物量）

（t）

钽原料品种	2007 年		2008 年		2009 年		2010 年		2011 年	
	进口	出口	进口	出口	进口	出口	进口	出口	进口	出口
铌、钽、钒精矿及其矿砂	14722	1	10748	0	9088	0	7873	5	8312	69
松装密度小于 $2.2g/cm^3$ 的钽粉	38	148	36	208	38	207	50	316	49	269
其他钽粉	28	41	3	40	1	3	1	8	7	8
其他未锻轧钽（烧结钽条、钽棒）	1	27	13	23	0	15	0	9	1	25
钽废碎料	62	0	53	—	7	0	43	0	59	0
$\phi<0.5$mm 的钽丝	—	—	0	102	0	95	0	137	0	111
$\phi\geq0.5$mm 的钽丝	—	—	0	6	0	3	0	7	0	2
未列锻轧钽及钽制品	—	—	90	152	132	135	442	127	328	114

注：资料来源于中国海关统计。

表 6-12 2007～2011 年中国钽粉出口量 (kg)

国家及地区	2007 年	2008 年	2009 年	2010 年	2011 年
中国香港	250	—	0	2060	1250
中国台湾	—	—	—	610	460
印度尼西亚	—	216	—	638	1433
以色列	5933	15111	10740	42863	32029
日　本	11877	8359	8319	19532	11763
马来西亚	—	—	—	—	1500
菲律宾	10455	14801	15245	21278	14691
新加坡	—	1700	—	6250	0
韩　国	116	10	0	0	4
泰　国	39599	32030	39601	15485	21460
德　国	16500	57000	21900	54896	13900
荷　兰	—	—	—	—	7000
葡萄牙	1720	0	4600	30	0
奥地利	20640	19080	77843	68160	94360
俄罗斯	498	328	291	144	338
捷　克	26600	0	4000	—	—
美　国	13352	58104	25292	83906	68969
纳米比亚	—	—	—	—	150
总　计	147540	206739	207831	315852	269307

注：资料来源于中国海关统计。

由于钽粉售价是非公开数据，所以获取信息的途径有限，图 6-11 所示为中国市场 2009 年 6 月至 2011 年 2 月金属钽价格变化的情况。从 2010 年 2 月开始，冶金级金属钽价格进入快速上升通道，从 1500 元/kg 上涨至 3500 元/kg。钽粉价格一般高于这类钽金属初级制品，据此判断钽粉售价高于 300 万元/t 是合乎逻辑的。

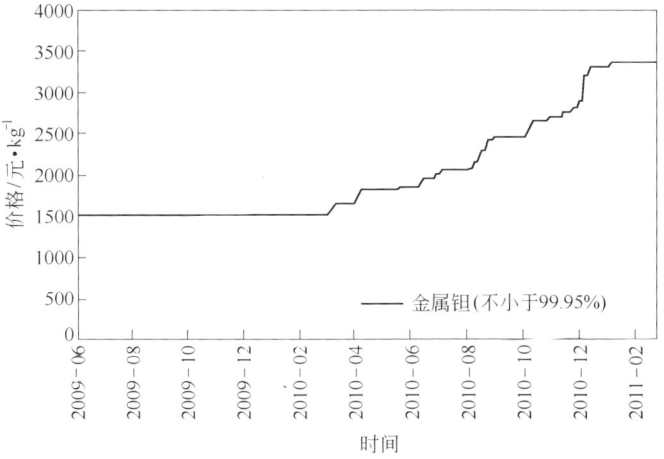

图 6-11 中国金属钽价格变化

（资料来源：华泰联合证券研究所）

出口美国的钽粉单价从 2010 年初的 30 万美元/t 上涨至 2011 年的 60 万美元/t（合人民币 390 万元/t），中国出口美国的钽粉单价如图 6-12 所示。

第三节 中国钽电解电容器进出口

根据海关资料统计分析，1999 ~ 2008 年中国钽电解电容器的进口量分别为 13. 21 亿只、40. 35 亿只、79. 63 亿只、230. 47 亿只、118. 17 亿只、166. 31 亿只、199. 65 亿只、196. 79 亿只、186. 58 亿只和 190. 67 亿只，九年内增长了 14

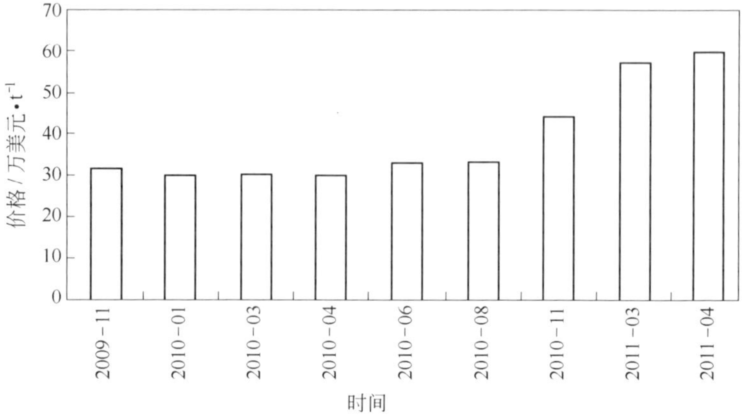

图 6-12 中国出口美国的钽粉单价

（资料来源：华泰联合证券研究所）

倍多，进口额从 2851. 1 万美元猛增到 57632. 5 万美元，年均增长超过 39%。同期，出口量分别为 8. 16 亿只、11. 28 亿只、17. 4 亿只、12. 89 亿只、22. 15 亿只、27. 63 亿只、36. 01 亿只、49. 83 亿只、66. 54 亿只和 70. 85 亿只，年均增长幅度为 27. 14%；出口额从 3693. 7 万美元增加到 28603. 2 万美元，年均增长幅度达 25. 54%。2008 年中国钽电解电容器进出口量见表 6-13。

表 6-13 2008 年中国钽电解电容器进出口量

种 类	2008 年出口				2008 年进口			
	数量 /万只	同比 /%	金额 /万美元	同比 /%	数量 /万只	同比 /%	金额 /万美元	同比 /%
片式钽电解电容器	703796	6. 97	28461. 44	12. 43	1762637. 6	0. 20	54713. 89	-6. 29
其他钽电解电容器	4721. 1	-37. 32	141. 76	-40. 01	144035. 7	35. 12	2918. 56	-0. 17

注：数据来源于中国海关统计年鉴。

从 1999 年下半年开始，中国钽电解电容器的进口量激增，远远大于出口量，即使在 2001 年出口受损的情况下，进口依然保持较高的发展势头，这一方面反映了中国通信行业高速发展对片钽需求量的增加，另一方面也说明了中国现有产品技术含量低，远不能满足相关行业的需求。

第七篇

钽工业的技术进步与创新

第一章　钽铌矿采选技术进步

第一节　国外钽铌矿采选技术进步

国外对钽铌铁矿矿石的粗选仍以重选为主，并多用高效的重选设备，流程简单。格林布什矿为分离并回收锑钽铁精矿中的锑、锡，开发了独特的火法脱锑、锡的工艺，将精矿、煤、石灰和磁铁矿装炉熔化并补加一定的碳进行熔炼还原，使锑和锡生成锑锡合金，渣则为钽精矿。

另外，近年来国外对烧绿石的浮选工艺，加强了脱泥，除铁，脱硫、磷、铅、钡等措施，在提高精矿质量，降低药剂消耗等方面都取得了较好的成效。

第二节　国内钽铌矿采选技术进步

一、优化选矿工艺，提高钽铌回收率

宜春钽铌矿的选矿厂采用了包括破碎、洗矿及原生泥处

理、磨矿重选、次生细泥处理等阶层式多层次的钽铌选矿工艺。采用高效的旋转螺旋溜槽作粗选设备，强化次生细泥回收，改进钽铌矿石酸浸生产工艺，使钽铌精矿品位由 20% 提高到 40%。1992 年完成了钽铌矿次生泥“重—浮—重”新工艺流程工业试验，提高了粗矿品位和回收率。

广州有色金属研究院对宜春钽铌矿生产的钽铌精矿进行精选分离和锡回收的研究，采用磁—重—电—浮—冶炼的联合工艺，获得了富锰铌钽铁矿精矿、细晶石精矿、含钽铌锡渣三种钽铌精矿产品和粗锡。

二、采用先进设备，提高钽铌资源综合利用率

宜春钽铌矿从国外进口 GP300、HP400 型圆锥破碎机，将三段开路破碎流程改为三段一闭路破碎流程，从而大大提高了破碎系统日处理原矿的能力。通过增加高频筛隔粗及磁选机除铁，降低了长石粉的杂质含量；建立锂云母小浮选系统和细粒长石粉回收系统，从废弃的钽铌尾矿中综合回收锂云母和长石粉，不仅提高了钽铌资源综合利用率，也为宜春钽铌矿带来可观的经济效益。

第二章 钽冶炼加工技术进步

第一节 国外钽冶炼加工技术进步

西方发达国家在钽铌冶炼与加工方面，特别是在高比容

钽粉、高纯钽靶材及合金的新技术研究与新工艺的开发方面一直处于领先地位。化学气相反应（CVR）法制备纳米级钽粉、电解（FCC）法制备金属钽粉等制取钽的新方法已进行多年。

德国 H. C. Starck 公司开发并被授予专利权的镁还原钽粉生产新工艺，用气态镁在 850～950℃下还原 Ta_2O_5，生产超高比表面积（大于 $5m^2/g$）和具有极细海绵体结构的钽粉，已成功应用于超高比容钽粉的生产。镁还原钽粉工艺可以控制与内表面积直接相关的钽粉孔隙率。该公司还开发了一种新技术，在钽箔上丝网印刷钽粉浆料，可以生产厚度小于 50μm 且几乎是二维形体的超薄钽阳极体。

日本东京电解公司开发生产的高纯大尺寸钽靶材一直占据市场较大份额。

第二节　国内钽冶炼加工工艺技术进步

在过去的 30 多年里，中国钽铌冶炼与加工业取得了突破性发展。各钽铌冶炼厂、研究院，加强科技创新和技术改造，逐步缩小了中国钽铌主导产品、装备和工艺技术水平与国外前沿技术的差距，产品质量大大提高。在某些方面已经达到或超过国际先进水平。

一、钽湿法冶炼技术

H_2SO_4-HF-仲辛醇萃取体系及相应装备是中国独创的钽

铌提取和分离的体系，具有钽与铌分离效果好、纯度高、生产成本低、设备易操控等优点。

宁夏东方钽业成功开发了氟化盐矿石分解、分步萃取、低酸萃取技术和过氧化物沉淀、低温焙烧等工艺，钽铌与杂质、钽与铌分离效果好，所得钽铌沉淀物易过滤、不需洗涤和烘干，低温焙烧后氧化物产品粒度细、均匀一致、回收率高。

二、钽火法冶炼技术

株洲硬质合金集团有限公司钽铌事业部采用 Ta_2O_5 碳还原工艺生产高压钽粉，生产工艺稳定、质量可靠，主要用于生产军用钽产品。

宁夏东方钽业通过多年技术攻关，在电容器级钽粉生产的关键技术方面取得了重大突破，如双向进料搅拌高温钠还原、高比容钽粉预团化、掺杂、镁还原降氧、表面氮化技术等。主导电容器级钽粉的生产品级提高到目前的 200000μF·V/g，研究水平已达到 300000μF·V/g，同时拥有 50V 8000μF·V/g、35V 22000μF·V/g 等系列多个品级型号的中、高压钽粉生产制备技术，钽粉生产研发的综合技术水平达到世界第二，产品大量出口，远销美、英、韩、日、以色列等国市场。

三、钽精炼与加工技术

中国钽冶炼厂采用电子束和真空自耗电弧精炼工艺生产

高纯钽锭及其合金锭，能够生产 W、Mo、Nb 或 W、Mo、Ta 均小于 1×10^{-6}的钽锭。

钽材加工方面，东方钽业制备的高温抗氧化涂层，能够广泛应用在发动机喷嘴、涡轮叶片及其他高温结构部件上，此项技术处于国际先进水平。钽丝的加工水平也从十年前的直径为 0.15mm 发展到直径为 0.06mm 以下，攻克了钽管材偏心（管壁厚薄不均）的世界级技术难题，所生产的管材尺寸公差均为 ±5% 以下，比美国 ASTM 标准提高一倍以上（美国 ASTM 标准管壁尺寸公差为 ±10%）。长沙南方钽铌有限责任公司自主研发喷丝头级钽片，填补了国内空白，替代了进口产品。

第三节 国内钽冶炼装备技术进步

一、钽铌湿法冶炼设备

中国钽铌冶炼企业对生产装备进行了一系列改造：采用雷蒙磨替代双筒球磨机磨矿；采用远红外连续烘干机替代木质箱式烘干箱烘料；采用自动板式压滤机替代普通工业板式压滤机洗涤过滤；采用回转炉替代马弗炉煅烧。通过这些装备改造，提高了生产效率和产品质量，降低了水、电等能源消耗。

宁夏东方钽业股份有限公司还开发了组合式萃取设备，并应用在线分析微机监控系统，实现了生产过程自动化。该组合式萃取设备集箱式、塔式和离心式萃取器的优点于一身，将萃取分级效率从75%提高到95%以上，保证了钽铌与杂质，钽与铌的分离效果，降低了有机溶剂消耗。

江西九江有色金属冶炼厂2008年对湿法生产线进行改造，使从前处理的分解、萃取到后处理的烘干、煅烧等阶段的主体设备得到全面更新。

广东肇庆多罗山蓝宝石稀有金属有限公司于2011年花费上亿元对湿法冶炼生产线进行技术改造，改善了湿法冶炼生产线的劳动环境和劳动条件，进一步提高了工厂的湿法冶炼工艺技术水平，提升了产品的市场竞争力。

二、钽火法冶炼设备

中国的电容器级钽粉生产企业对生产装备进行了一系列改造：采用红外传送带式烘干机替代静态木质烘干箱烘干原材料；采用大尺寸复合反应进行钠还原；采用自动注钠装置替代手工注钠；采用聚四氟氯己烯卧式搅洗设备替代逆流式不锈钢酸洗槽；采用大型热处理炉等。通过这些装备改造，提高了生产效率，保证了产品质量的一致性；齐全的先进分析检测仪器保证了高比容钽粉的研发及生产。

三、钽精炼及加工设备

中国钽冶炼加工企业采用冷加工工艺生产钽管棒材、板带材和线材。中国有6家企业拥有钽铌及其合金材料加工能力，其中钽丝生产线4条、铌及铌锆丝生产线3条、钽铌管棒生产线 2 条、钽铌板带生产线 1 条、钽片生产线 1 条，其中钽丝生产能力大，满负荷生产可以满足全世界消费需求。

宁夏东方钽业股份有限公司先后从国外引进 200kW 电子束炉 4 台、600kW 电子束炉 1 台、1200kW 电子束炉 1 台、真空自耗电弧炉 1 台，新增大型烧结炉 3 台。

第三章 钽电容器制造技术的进步与创新

近 10 多年来，国外钽电容器制造技术迅猛发展，高可靠、大容量、小型化、超薄型电容器层出不穷，聚合物钽电容器早已是技术成熟的产品。中国钽电容器制造商通过多次技术改造，从日、美引进先进技术和装备，消化吸收国外技术，结合自主创新，缩短了与国外先进技术的差距。本章选取几种世界领先的新型钽电容器作重点介绍。

第一节 提高钽电容器耐击穿电压值

AVX 公司通过优化工艺流程，并与聚合物供应商紧密合作，突破聚合物电介质材料耐最大击穿电压的限制，最终成功开发了耐压 125V 的聚合物片式钽电容器。AVX 公司从当初成功研发 35V 聚合物片式钽电容器，之后又相继成功研发业界首创的耐压 50V、耐压 125V 聚合物片式钽电容器仅用两年时间。

Vishay 研发部门开发了新系列 SMD（表面安装型）固

体钽电容器，直流额定电压高达 75V，实现了提高额定电压的技术突破，而采用 Vishay 新型的 63V 和 75V 钽电容，可达到额定电压降低 50% 的行业认可安全指标。国内 718 厂也开发了耐压 75V 的固体钽电容器。

第二节 向小型、薄型、大容量化发展

日本罗姆公司（ROHM）开发 TCTU 系列钽电容器并于 2008 年 4 月 17 日投放市场，其中 U 壳号（1005 尺寸，即 1.0mm × 0.5mm × 0.55mm）是目前世界上尺寸最小的钽电容器，大电容量为 2.2 ~ 10μF，与原来 TCM 系列 1608 壳号尺寸（1.60mm × 0.85mm × 0.85mm）相比，面积比下降 60%，体积比下降 70%。

宁夏星日电子有限公司引进日本设备技术，可提供多系列军用和民用钽电容器，如 A、B、C、D、E、F 壳号大容量以及 S 壳号超小型片式钽电容器（等同于日美电容器公司的 2012 壳号（2.0mm × 1.3mm × 1.2mm））、聚合物片式钽电容器以及金属外壳封装的固体和液体电解电容器。

第三节 无铅化、无卤素的“绿色”钽电容器

为了积极应对欧盟实施的电子产品无铅化 RoHs 指令和限制有害物质的 REACH 法规，中国工业和信息化部也发布了限制电子产品中有害物质的系列标准，国内外钽电容器制

造商都积极开发钽电容器无铅化制造技术，通过改进工艺，选用新材料替代传统铅锡合金等材料，纷纷推出无铅钽电容器。不过为保证军用钽电容器的良好可焊性和高可靠性，相关军用规范仍规定钽电容器正负极引出端子的铅锡镀层必须含铅60%以上。

第四节　采用新结构设计，实现电容器技术创新

一、可表面贴装的模塑型液体钽电容器

2009 年 4 月 23 日，Vishay 公布推出 M34 和 M35 两款新型液体钽电容器，这是业界首创的一款真正可表面贴装的模塑型液体钽电容器（见图 7-1）。

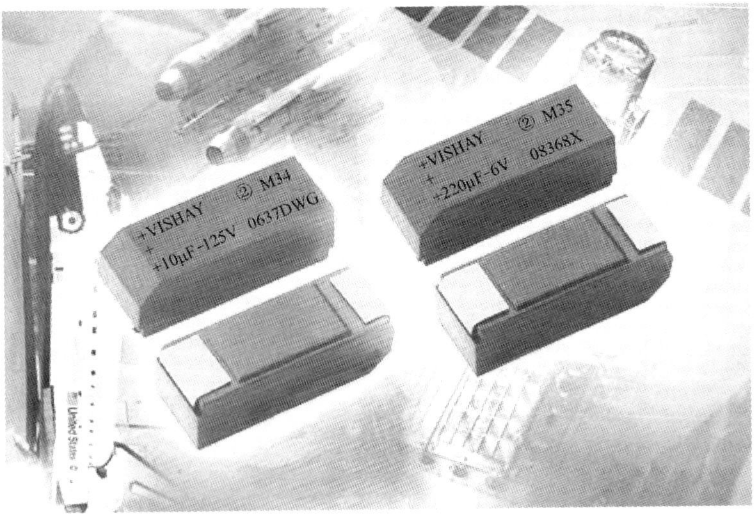

图 7-1　Vishay 开发的模塑型液体电解质钽电容器

M34 和 M35 模塑贴片型液体钽电解电容器摆脱了普通液体钽电容器采用金属外壳封装的传统设计理念，属于技术创新。在电容量和外壳尺寸相同的情况下，新电容器可经受比其他类型电解电容器更高的纹波电流。M34 系列可提供标准型液体钽电容器的所有规格，使用提供锡铅或100%锡的引出端子。在电压降额的情况下工作温度最高可达 125℃。

二、高能混合钽电容器

2010 年 6 月 Vishay 推出容量高达 72000μF 的超高容量液体钽电容器，代表了业界高能混合液体钽电容器技术的重要突破。该电容器容量范围为 1100 ~ 72000μF，采用 A、B 和 C 壳号，电压范围为 25 ~ 125V，工作温度范围为 −55 ~ 85℃。在 120Hz 和 25℃ 下标准容量偏差为 ±20%。在要求苛刻的军用和航天系统的低压滤波和储能应用中能够保持可靠性能（见图 7-2）。

中国株洲宏达电子、株洲日望电子、北京 718 友益电子、宁夏星日电子、贵州新云电子等电容器制造商也相继研发了这种电容器，称为高能混合钽电容器，并给用户少量供货，不过产能和性能不及国外制造商制造的电容器。

三、叠层式聚合物钽电容器

2011 年 9 月 29 日，Kemet 将 TSP 系列叠层式聚合物钽

图 7-2 Vishay 开发的高能混合型液体钽电容器

电容器推向市场，属业界首创。按客户要求定制组合，将 2、3、4 个或 6 个 EIA（美国电子工业协会）标准壳号的电容器叠放在一个组件内，容量范围为 66 ~ 4080μF，额定电压范围为 3 ~ 35V，工作温度范围为 - 55 ~ 125℃（见图 7-3）。

图 7-3 Kemet 叠层式聚合物钽电容器

第四章 中国钽行业标准化

从20世纪70年代起，中国就开始着手进行钽行业标准化工作，经过数十年发展，如今标准化范围已覆盖钽矿产资源勘探、矿石采选、冶炼加工、钽产品应用（包括钽电容器、军工、航空航天等应用）、钽精矿和冶金产品中杂质含量测定分析、钽材料检验试验方法等所有方面。

中国钽行业标准体系按类别和应用可分为国家标准、国家军用标准以及冶金、电子等相关行业标准。因钽铌性质相近，所以许多编制标准将钽铌合在一块。截至2011年底，钽铌国家标准、国家军用标准、行业标准共有54个，其中由宁夏东方钽业股份有限公司负责起草、修订或参与起草的有43个，成为钽铌行业标准化工作的带头人。钽行业标准见表7-1。

钽铌标准化工作有力地推动了钽铌企业的技术创新和技术进步，而钽铌企业的技术进步反过来也促进中国钽铌标准化水平的提升，如今中国许多钽铌产品标准已接近或达到国际先进水平。许多标准在编制、修订过程中既立足中国国情，也参考借鉴国际先进标准，如在新修订的YS/T 573—2007《钽粉》标准中，增加了近年钽冶炼企业新开发的高比容钽粉产品牌号，如FTA120K（120000μF·V/g）、FTA100K（100000μF·V/g）等，而作废的YS/T 573—2006（原GB/T 3136—1995转）中规定的钽粉最高电容量仅为30000μF·V/g，这体现了钽冶炼企业的技术进步成果。

表 7-1 钽行业现行标准清单

分类	标准编号	标准名称	发布部门	实施日期	状态
钽铌矿床标准	DZ/T 0203—2002	稀有金属矿产地质勘查规范	中华人民共和国国土资源部	2003-03-01	替代 1984 年《稀有金属矿地质勘探规范》(试行)
钽原料标准	YS/T 394—2007	钽精矿	国家发展和改革委员会	2008-05-01	现行，替代 YS/T 394—1994，YB 5000—1987
	GB/T 25955—2010	钽及钽合金废料	国家质量监督检验检疫局	2011-09-01	现行
	YS/T 578—2006	氟钽酸钾	国家发展和改革委员会	2006-08-01	现行
钽粉、钽氧化物、钽碳化物产品标准	YS/T 427—2000	五氧化二钽	国家有色金属工业局	2000-10-01	现行，替代 GB/T 3626—1983
	YS/T 547—2007	高纯五氧化二钽	国家发展和改革委员会	2008-05-01	现行，替代 YS/T 547—2006，替代 GB/T 10577—1989
	YS/T 573—2007	钽粉	国家发展和改革委员会	2008-05-01	现行，替代 YS/T 573—2006，GB/T 3136—1995，GB 3136—1982

续表 7-1

分类	标准编号	标准名称	发布部门	实施日期	状态
钽粉、钽氧化物、钽碳化物产品标准	YS/T 259—1996	冶金用钽粉	中国有色金属工业总公司	1996-12-01	现行，替代 YS/T 259—94
	GB/T 3137—2007	钽粉电性能试验方法	国家质量监督检验检疫局	2008-06-01	现行，替代 GB/T 3137—1995，GB 3137—1982
	GB/T 20508—2006	碳化钽粉	国家质量监督检验检疫局	2007-02-01	现行，替代 YS/T 263—1994，GB 7708—1987
	GB/T 26061—2010	钽铌复合碳化物	国家质量监督检验检疫局	2011-10-01	现行
钽轧制品产品标准	GB/T 26012—2010	电容器用钽丝	国家质量监督检验检疫局	2011-10-01	现行，替代 GB/T 3137—1995，GB/T 3463—1982
	YS/T 640—2007	电容器用钽箔材	国家发展和改革委员会	2007-10-01	现行
	GB/T 3629—2006	钽及钽合金板材、带材和箔材	国家质量监督检验检疫局	2006-11-01	现行，替代 GB/T 3628—1995，GB 3629—1983
	GB/T 8182—2008	钽及钽合金无缝管	国家质量监督检验检疫局	2008-09-01	现行

续表 7-1

分类	标准编号	标准名称	发布部门	实施日期	状态
钽轧制品产品标准	GB/T 14841—2008	钽及钽合金棒材	国家质量监督检验检疫局	2008-09-01	现行，替代 GB/T 14841—1993
	GB/T 26037—2010	深冲用粉末冶金钽板	国家质量监督检验检疫局	2011-10-01	现行
钽酸锂单晶标准	YS/T 42—2010	钽酸锂单晶	工业和信息化部	2011-03-01	现行，替代 YS/T 42—1992
	SJ 20605—1996	声表面波（SAW）器件用钽酸锂单晶规范	—	2007-12-01	现行
钽铌矿石分析检验标准	GB/T17415. 1—2010	钽矿石、铌矿石化学分析方法　第 1 部分：钽量测定	国家质量监督检验检疫局	2011-02-01	现行，替代 GB/T 17415. 1—1998
	GB/T17415. 2—2010	钽矿石、铌矿石化学分析方法　第 2 部分：铌量测定	国家质量监督检验检疫局	2011-02-01	现行，替代 GB/T 17415. 2—1998
	YS/T 358—1994	钽铁、铌铁精化学分析方法	—	1993-01-01	现行

续表 7-1

分类	标准编号	标 准 名 称	发布部门	实施日期	状 态
钽铌矿石分析检验标准	YS/T 358.1—2011	钽铁、铌铁精矿化学分析方法 第1部分：钽、铌量的测定 纸上色层重量法	工业和信息化部	2012-07-01	现行
	YS/T 358.2—2011	钽铁、铌铁精矿化学分析方法 第2部分：二氧化钛量的测定 双安替吡啉甲烷分光光度法	工业和信息化部	2012-07-01	现行
	YS/T 358.3—2011	钽铁、铌铁精矿化学分析方法 第3部分：二氧化硅量的测定 硅钼蓝分光光度法和重量法	工业和信息化部	2012-07-01	现行
	YS/T 358.4—2011	钽铁、铌铁精矿化学分析方法 第4部分：三氧化钨量的测定 硫氰酸盐分光光度法	工业和信息化部	2012-07-01	现行
	YS/T 358.5—2011	钽铁、铌铁精矿化学分析方法 第5部分：铀量的测定 电感耦合等离子体发射光谱法	工业和信息化部	2012-07-01	现行

续表 7-1

分类	标准编号	标 准 名 称	发布部门	实施日期	状 态
钽铌矿石分析检验标准	YS/T 358. 6—2011	钽铁、铌铁精矿化学分析方法 第 6 部分：氧化钍量的测定 电感耦合等离子体发射光谱法	工业和信息化部	2012-07-01	现行
	YS/T 358. 7—2011	钽铁、铌铁精矿化学分析方法 第 7 部分：铁量的测定 电感耦合等离子体发射光谱法	工业和信息化部	2012-07-01	现行
	YS/T 358. 8—2011	钽铁、铌铁精矿化学分析方法 第 8 部分：亚铁量的测定 重铬酸钾滴定法	工业和信息化部	2012-07-01	现行
	YS/T 358. 9—2011	钽铁、铌铁精矿化学分析方法 第 9 部分：锑量的测定 电感耦合等离子体发射光谱法	工业和信息化部	2012-07-01	现行
	YS/T 358. 10—2011	钽铁、铌铁精矿化学分析方法 第 10 部分：锡量的测定 碘酸钾滴定法	工业和信息化部	2012-07-01	现行

续表 7-1

分类	标准编号	标准名称	发布部门	实施日期	状态
钽铌矿石分析检验标准	YS/T 358.11—2011	钽铁、铌铁精矿化学分析方法　第11部分：锰量的测定　原子吸收光谱法	工业和信息化部	2012-07-01	现行
钽铌冶金产品分析检验标准	GB/T 15076.1—1994	钽铌化学分析方法　铌中钽量的测定	国家技术监督局	1994-12-01	现行
	GB/T 15076.2—1994	钽铌化学分析方法　钽中铌量的测定	国家技术监督局	1994-01-02	现行
	GB/T 15076.3—1994	钽铌化学分析方法　铜量的测定	国家技术监督局	1994-01-02	现行
	GB/T 15076.4—1994	钽铌化学分析方法　铁量的测定	国家技术监督局	1994-01-02	现行
	GB/T 15076.5—1994	钽铌化学分析方法　钼量和钨量的测定	国家技术监督局	1994-01-02	现行
	GB/T 15076.6—1994	钽铌化学分析方法　钽中硅量的测定	国家技术监督局	1994-01-02	现行

续表 7-1

分类	标准编号	标准名称	发布部门	实施日期	状态
钽铌冶金产品分析检验标准	GB/T 15076.7—1994	钽铌化学分析方法　铌中磷量的测定	国家技术监督局	1994-01-02	现行
	GB/T 15076.8—2008	钽铌化学分析方法　碳量和硫量的测定	国家质量监督检验检疫局	2008-09-01	现行，替代 GB/T 15076.8—1994
	GB/T 15076.9—2008	钽铌化学分析方法　钽中铁、铬、镍、锰、钛、铝、铜、锡、铅和锆量的测定	国家质量监督检验检疫局	2008-09-01	现行，替代 GB/T 15076.9—1994
	GB/T 15076.10—2008	钽铌化学分析方法　铌中铁、镍、铬、钛、锆、铝和锰量的测定	国家质量监督检验检疫局	2008-09-01	现行，替代 GB/T 15076.11—1994
	GB/T 15076.11—2008	钽铌化学分析方法　铌中砷、锑、铅、锡和铋量的测定	国家质量监督检验检疫局	2008-09-01	—

续表 7-1

分类	标准编号	标准名称	发布部门	实施日期	状态
钽铌冶金产品分析检验标准	GB/T 15076.12—2008	钽铌化学分析方法　钽中磷量的测定	国家质量监督检验检疫局	2008-09-01	—
	GB/T 15076.13—2008	钽铌化学分析方法　钽中氮量的测定	国家质量监督检验检疫局	2008-09-01	—
	GB/T 15076.14—2008	钽铌化学分析方法　氧量的测定	国家质量监督检验检疫局	2008-09-01	—
	GB/T 15076.15—2008	钽铌化学分析方法　氢量的测定	国家质量监督检验检疫局	2008-09-01	现行，替代 GB/T 15076.15—1994
	GB/T 15076.16—2008	钽铌化学分析方法　钠量和钾量的测定	国家质量监督检验检疫局	2008-09-01	现行

部分钽铌标准已列入中国有色金属标准化技术委员会的制定、修订计划中，详见表7-2。

表 7-2 已列入编制修订计划的钽铌标准

计划标准号	标准名称	制定/修订	代替标准号	负责起草单位
YS/T 2023—2009	冶金用钽粉	修订	YS/T 259—1996	宁夏东方钽业股份有限公司
	钽铌化学分析方法 铌中钽量的测定	修订	GB/T 15076. 1—1994	待 定
	钽铌化学分析方法 钽中铌量的测定	修订	GB/T 15076. 2—1994	待 定
	钽铌化学分析方法 铜量的测定	修订	GB/T 15076. 3—1994	待 定
	钽铌化学分析方法 铁量的测定	修订	GB/T 15076. 4—1994	待 定
	钽铌化学分析方法 钼量和钨量的测定	修订	GB/T 15076. 5—1994	待 定
	钽铌化学分析方法 铌中磷量的测定	修订	GB/T 15076. 7—1994	待 定
	钽铌化学分析方法 铌中铁、镍、铬、钛、锆、铝和锰量的测定	修订	GB/T 15076. 10—1994	待 定
	钽铌化学分析方法 铌中砷、锑、铅、锡和铋量的测定	修订	GB/T 15076. 11—1994	待 定
	钽铌化学分析方法 钽中氮量的测定	修订	GB/T 15076. 13—1994	待 定

续表 7-2

计划标准号	标准名称	制定/修订	代替标准号	负责起草单位
	五氧化二钽	修订	YS/T 427—2000	待定
	五氧化二铌	修订	YS/T 428—2000	待定
	钽铁、铌铁精矿化学分析方法	修订	YS/T 358—1994	待定
	钽铌精矿单位产品能耗限额	制定		待定
	钽铌冶炼单位产品能耗限额	制定		待定
	有色金属精矿产品包装、标志、运输和贮存	制定	YS/T 418—1999	大冶有色、株洲冶炼集团公司等
	有色金属冶炼危险源控制与应急救援	制定		待定
	铌及铌合金牌号和化学成分	制定		宝钛集团有限公司

目前，中国钽铌冶炼企业“三废”排放执行的标准主要有：GB 3095—1996《环境空气质量标准》、GB 16297—1996《大气污染物综合排放标准》、GB 14554—1993《恶臭污染物排放标准》、GHZB 13095—1999《地面水环境质量标准》、GB 5749—2006《生活饮用水卫生标准》、GB 8978—1996《污水综合排放标准》、GB 18871—2002《电离辐射防护和辐射源安全基本标准》等。

从20世纪90年代起北京有色冶金设计研究总院起草了许多有色金属设计方面的行业标准，到目前中国已建立起较完备的有色金属设计管理类标准体系，包括有色金属设计、节能、环保、消防等标准，详见表7-3。

表7-3 有色金属设计管理类标准

标准号	标准名称
YS 5018—1996	有色金属工业技术经济设计规范
YSJ 017—1992	有色金属工业环境保护设计技术规定
YSJ 015—1992	有色金属冶炼厂收尘设计技术规定（试行）
YSJ 019—1992	有色金属采矿设计规范
YS/T 5028—1996	有色金属选矿术语标准
YS/T 5023—1994	有色金属选矿厂工艺设计制图标准
YSJ 021—1993	有色金属矿山井巷工程设计规范（试行）
YSJ 414—1993	有色金属矿山井巷安装工程施工及验收规范
YSJ 415—1993	有色金属矿山井巷工程测量规程
YSJ 416—1993	有色金属地下开采矿山基建地质规程
YS 5030—1996	有色金属矿山电力设计规范
YS 109—1992	有色金属加工企业产品能耗标准
YSJ 016—1992	有色金属矿山机修与汽修设施工艺设计标准（试行）
YSJ 008—1990	有色金属矿山生活福利设施建筑设计标准（试行）
YSJ 007—1990	有色金属选矿厂 试验室、化验室及技术检查站工艺设计标准（试行）
YS/T 418—1999	有色金属精矿产品包装、标志、运输和贮存
GB 20664—2006	有色金属矿产品的天然放射性限值
GB 50421—2007	有色金属矿山排土场设计规范
GB/T 20902—2007	有色金属冶炼企业能源计量器具配备和管理要求

续表 7-3

标准号	标准名称
GB 50544—2009	有色金属企业总图运输设计规范
GB 50630—2010	有色金属工程设计防火规范
GB 50595—2010	有色金属矿山节能设计规范
GB 50654—2011	有色金属工业安装工程质量验收统一标准

第五章 钽行业知识产权保护

第一节 国外钽专利

发达国家十分注意知识产权的保护。在美国专利商标局网站上检索，从 1976 年到 2014 年 3 月 1 日，在专利保护权项中“钽”的授权专利有 84790 件，“钽酸盐”的专利有 5103 件。在欧洲专利局网站检索到有关钽的专利文献 18954 件，钽酸盐的专利文献 1310 件。在日本特许厅图书馆检索到钽、铌特许公开文献有 4810 件。

经对国外主要钽行业同行和用户申请的专利进行系统检索，如 Cabot（包括昭和 Cabot 株式会社）、H. C. Starck、昭和电工、AVX、Kemet、NEC 东金、三洋电机公司，从 1976 年以来在美国授权的专利分别为 891 件、171 件、2078 件、143 件、101 件、2558 件、2078 件。其申请专利覆盖面非常广泛，涉及钽矿石分解、钽化合物及其制造方法、钽提纯和钽回收、钽粉及其制造方法、钽合金和含钽合金、超导材料、溅射靶材、钽电解电容器、钽酸锂晶体和钽的各种应用，其中钽电解电容器专利数量最多。

2005年霍尼韦尔公司（Honeywell）旗下电子材料公司（Electronic Materials）宣布与Cabot公司就半导体行业的钽材料和产品签署了一项全球专利交叉授权协议，内容包括与高纯度钽金属和溅镀靶材生产有关的14项全球专利。2011年1月，H. C. Starck和Cabot Supermetals两家公司宣布达成了一份“广泛的、公开性的”专利交换使用协议，共享双方在钽铌粉末科技方面的研究成果，双方签订的专利交易将促进钽电容器替代品的研发进程。

第二节 中国钽专利

截至2014年3月1日，利用SOOPAT网站专利检索，对所有国家和地区在华申请专利进行分析，检索到有关“钽”在专利名称和摘要选项下共7782件。其中“钽粉”271件，排名第一的是重庆润泽医药有限公司，为26件；排名第二的是宁夏东方钽业股份有限公司，为21件；相继排名的是江门富祥电子材料有限公司、中国振华（集团）新云电子元器件有限责任公司、卡伯特公司、H. C. Starck公司。“钽合金”专利共139件，主要是冠亚国际科技股份有限公司、H. C. Starck公司、宁波江丰电子材料有限公司。“钽电容器”专利共94件，主要是中国振华（集团）新云电子元器件有限责任公司、株洲宏达电子有限公司、湖南华冉科技有限公司等。“钽靶材”专利共21件，主要涉及宁波江丰电子材料有限公司、宁夏东方钽业股份有限公司、中国船舶重工集团公司第七二五研究所等。自2000年后申请量逐年递增，如图7-4所示。

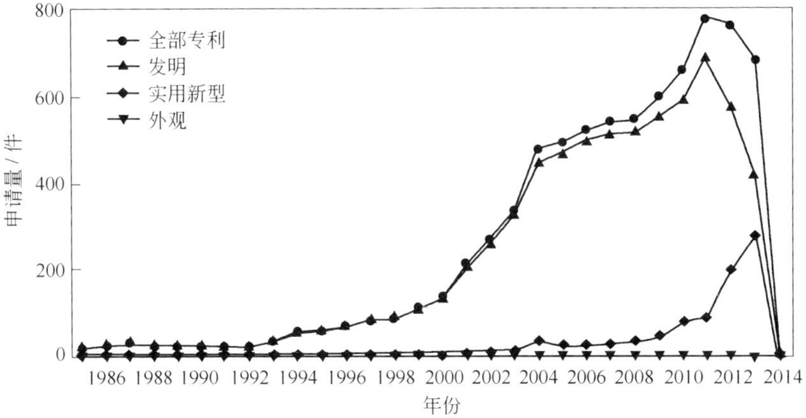

图7-4　钽专利申请量年度趋势分析

涉及“钽”的各类专利，重庆润泽医药有限公司公开、授权专利286件，排名第一，中芯国际集成电路制造（上海）有限公司公开、授权专利137件，排名第二；中国台湾积体电路制造股份有限公司公开、授权124件，排名第三。见表7-4、图7-5。

表7-4　主要申请单位专利申请情况

申请单位	专利数	百分比/%
重庆润泽医药有限公司	286	3.37
中芯国际集成电路制造（上海）有限公司	137	1.61
中国台湾积体电路制造股份有限公司	124	1.46

续表 7-4

申请单位	专利数	百分比/%
三星电子株式会社	115	1.36
通用电气公司	93	1.10
国际商业机器公司	89	1.05
株式会社半导体能源研究所	86	1.01
宁夏东方钽业股份有限公司	84	0.99
松下电器产业株式会社	82	0.97
鸿富锦精密工业（深圳）有限公司	70	0.82
联华电子股份有限公司	57	0.67
鸿海精密工业股份有限公司	57	0.67
中国振华（集团）新云电子元器件有限责任公司	56	0.66
复旦大学	54	0.64
株式会社东芝	54	0.64
昭和电工株式会社	49	0.58
英特尔公司	45	0.53
卡伯特公司	43	0.51
索尼公司	43	0.51
旺宏电子股份有限公司	40	0.47

宁夏东方钽业股份有限公司是第四批全国企事业知识产权试点单位，2013 年被评为“国家知识产权战略实施工作先进集体”称号。截至 2014 年底，东方钽业共申请专利 236 件，授权专利 73 件，申请中国台湾地区及国外专利 52 件，PCT 申请 27 件。

宁夏东方钽业“球化造粒凝集金属粉末的方法”、“高比表面积钽粉和铌粉的制备方法”、“高温抗氧化材料及由其制备的高温抗氧化涂层”、“低价氧化铌或铌粉的制备方

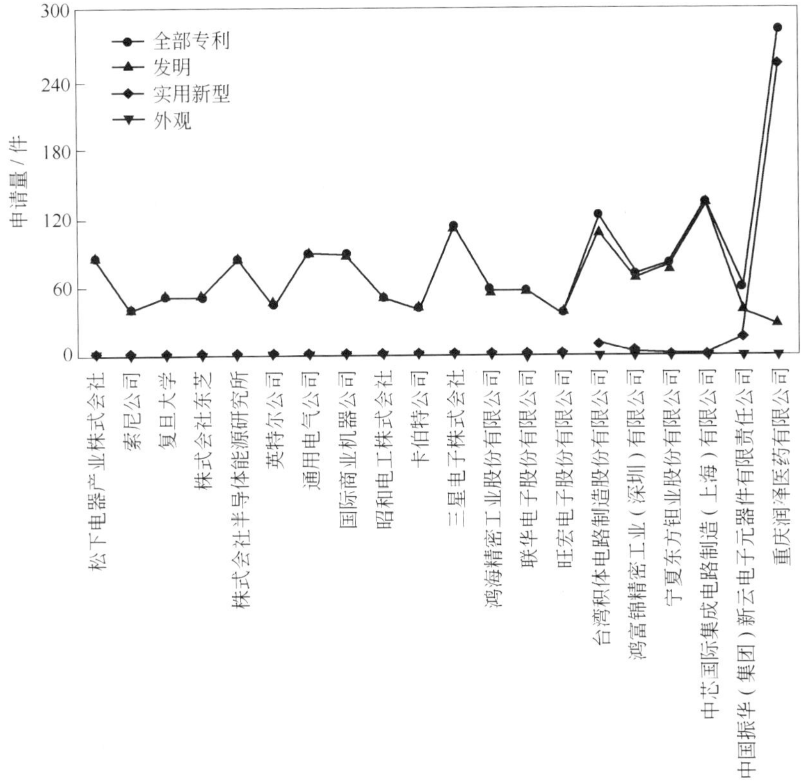

图 7-5　主要申请单位对比分析

法”专利相继荣获国家知识产权局第 11 届、12 届、13 届、14 届中国专利优秀奖。2012 年中色（宁夏）东方集团公司和东方钽业分别以宁夏企业 2011 年有效发明专利第一名、发明专利授权量第一名的佳绩受到宁夏回族自治区知识产权局表彰。

长沙南方钽铌有限责任公司 2004 年建厂，目前共拥有 2 项国家发明专利，1 项国家实用新型专利。

第八篇

钽的循环经济、职业安全与健康

第一章 钽资源的综合利用

中国已形成约1000t/a钽金属的冶炼能力。钽行业采选、冶炼、加工企业终端用户都必须高度重视钽资源综合利用。采用现代探矿技术，提高采矿、选矿技术，有效提高矿石回收率，特别是低品位钽资源综合利用率。解决冶炼和深加工技术问题，做好“三废”治理及钽废料回收利用。

第一节 钽铌矿山企业对钽铌资源的综合利用

一、宜春钽铌矿资源综合利用

宜春钽铌矿将钽铌尾矿综合利用列入企业发展规划，从钽铌尾矿中浮选回收锂云母和长石粉，每年可新增锂长石1万吨，锂云母5万吨，长石粉35万吨，尾矿再选产品的产值可占生产总产值的一半以上。2009年启动的扩能改造工程项目建成后，将尾矿资源全部回收，可形成年产钽铌精矿750t、锂云母精矿15万吨、长石粉120万吨的生产规模。

2012年3月，宜春钽铌矿启动了国家“十二五”科技支撑计划低品位钽铌课题。北京矿冶研究总院、桂林矿产地质研究院承担了该课题的相关试验研究工作。

二、福建南平钽铌矿资源综合利用

福建南平钽铌矿为了降低成本，提高资源综合利用率，实施了挖潜技术改造工程，在不增加人员的情况下，提高产量25%，综合回收率提高5%，矿石日处理量由600t提至750t，尾矿利用率（产品回收率）创国内最高，锡、长石、云母等尾矿产品都得到了成功开发，成为国内无尾矿的绿色环保型企业。

三、广西栗木钽铌（钨锡）资源综合利用

2010年12月31日，广西有色栗木矿业有限公司投资兴建的钽铌（钨锡）资源冶炼综合利用技改项目在广西恭城瑶族自治县举行奠基仪式。计划总投资4.8亿元，项目建成后，可年生产氟钽酸钾500t、氧化钽50t、氧化铌200t，钨产品仲钨酸铵、氧化钨共5000t，副产品粗锡3000t。

四、江西大吉山示范基地钽铌钨矿体开发利用工程

据媒体报道，江钨集团江西大吉山钨业有限公司示范基地钽铌钨矿体开发利用项目主体工程自2014年1月启动以来，各项工作进展顺利。该项目是大吉山矿区示范基地建设中的重点项目，由江西有色冶金建设有限公司和中国五矿二

十三冶建集团有限公司联合承建。

第二节 钽冶炼企业对钽资源的综合利用

一、钽工厂生产过程中废料的回收途径

钽冶炼生产过程中废料的回收主要包括以下途径：

（1）湿法冶金生产各工序水相中的废钽主要通过沉淀、烘干等处理后作为氟钽酸钾生产的原料。

（2）地面料、着火料等严重污染的物料收集后做氟钽酸钾生产的原料。

（3）钽加工过程的边角料、次品主要通过重熔铸锭或氢化制粉等处理后循环使用，杂质含量太高的经过破碎等处理后做氟钽酸钾生产的原料。

（4）回收利用钽电容器废料，通过重熔铸锭或氢化制粉等处理后实现废料再生利用。

二、国内企业对钽资源的综合利用

钽铌原料来源广泛、品种多、成分复杂，部分原料含有其他有价金属如钛、钨、锆、锡。早在 20 世纪 70 年代初，中国就开始了钽铌湿法冶炼废水中有用成分的回收。当时冶金部拨款并组织株洲硬质合金厂（601 厂）、宁夏有色金属冶炼厂（905 厂）、九江有色金属冶炼厂（806 厂）、长沙有色冶金设计研究院等单位在 601 厂、905 厂等企业从萃取残

液等废水中进行综合回收的扩大试验。在601厂主要回收有粗钨酸、氟硅酸钠、硫酸钠、硫酸铵、氟化氢铁等产品；在905厂主要回收有氟硅酸钠、冰晶石、硫酸铁、氟化氢铵等产品。

1987~1993年，九江有色金属冶炼厂将钽铌分解渣送江西某厂和湖南某厂进行回收铀、钍的试验性生产，取得较好效果。1989年开始了从钛铌钽矿生产废水中综合回收钛的研究。1992年建成从矿萃残液中回收氟钛酸钾生产线。

宁夏东方钽业股份有限公司承担的2008年度国家发展改革委重大产业技术开发专项“难分解、低品位钽铌资源的综合回收利用”项目，从2009年1月开始实施该项目，2010年10月顺利通过宁夏回族自治区经济和信息化委员会验收。

宁夏东方钽业研究开发了低品位矿的预处理和富集；难分解、低品位矿的分解技术；低品位矿中钛、锆、钨综合回收技术；体系清洁化技术等关键技术，形成了从提高品位到高效分解利用再到回收有价金属的工艺技术路线，并对生产线进行改造，用冷却结晶法从低品位矿中综合回收钛、锆、钨等有价金属，使难分解矿中钽铌总回收率、低品位矿总回收率均由约60%~70%提高到85%以上，达到国际先进水平。

中国南方的钽铌湿法生产线处理了大量钽废料和难分解、低品位矿石，为中国钽工业的原料保证作出了重要贡献。

第二章 节能减排

第一节 从源头减少氟污染

目前，全球普遍采用氢氟酸法分解钽铌矿，针对氢氟酸法所产生的巨大环境污染，德国 H. C. Starck 公司通过集中研究改进湿法工艺内部循环途径，在分解工艺中，减少 H_2SO_4 等化学原材料的消耗量和废渣数量，并且回收再利用各种废料液中 HF、NH_3 和甲基异丁基酮（MIBK）。美国卡博特（Cabot）公司提出了真空蒸发回收残液中游离 HF 的方法。

宁夏东方钽业改变传统的钽铌湿法工艺，采用新型分解试剂（代号 A）替代 HF 和 H_2SO_4，在 300℃ 条件下分解钽铌原料，其分解液采用 MIBK 在低酸条件下萃取钽，在高酸条件下萃取铌。用新工艺减少了 HF 和 H_2SO_4 的用量，同时还提高了钽铌分离效果，降低了钽液、铌液中的杂质含量。

中国科学院过程工程研究所依据清洁冶金原理，提出以无毒无害碱金属亚熔盐液相法处理低品位、难处理钽铌矿的新工艺，研究表明难处理钽铌矿的分解率和回收率均在 95% 以上，较现行氢氟酸工艺提高了 10% 以上。新工艺使用无氟原料，从源头消除了氟污染，大幅度削减碱金属原料的工艺消耗，具有广阔的应用前景。

第二节 节约能源，减少排放

有色金属是中国七大耗能行业之一，是推进节能降耗的重点行业，能源消耗主要集中在矿山、冶炼和加工三大领域。目前，有色金属行业在深入开展节能减排方面取得了新进展和阶段性成果，但整体能耗仍在较高基数下保持增长，节能降耗和治污减排工作任重道远。

为了有效地落实节能减排的国家政策，有色金属行业先后出台了《有色金属工业节能减排工作方案》、编制发布了铜、铝、铅、锌等8种金属和铜、铝加工材的单位产品能耗限额标准，2013年中国工业和信息化部批准发布了YS/T 945—2013《钽铌精矿单位产品能源消耗限额》和YS/T 946—2013《钽铌冶炼单位产品能源消耗限额》标准，对钽铌采矿、选矿和冶炼企业规定了能耗限额要求以及能耗计算方法、节能管理和措施，详见表8-1。

表8-1 钽铌采选和冶炼企业能耗限额要求

标准编号	标准名称	规定内容及适用企业
YS/T 945—2013	钽铌精矿单位产品能源消耗限额	本标准规定了钽铌采矿、选矿企业单位产品能源消耗限额的要求、计算原则及计算方法、节能管理和措施； 本标准适用于以钽铌金属为主的采矿、选矿企业，以钽铌矿石采矿、破碎、富集至产出合格精矿产品能耗的计算、评定及考核； 本标准不适用于以钽铌作为副产品的采矿、选矿企业

续表 8-1

标准编号	标准名称	规定内容及适用企业
YS/T 946—2013	钽铌冶炼单位产品能源消耗限额	本标准规定了钽铌冶炼单位产品能源消耗限额的要求、计算原则及计算方法、节能管理和措施； 本标准适用于以钽铌精矿冶炼至产出合格五氧化二钽（五氧化二铌）产品能耗的计算、评定及考核； 本标准不适用于生产其他钽铌产品的企业

宜春钽铌矿对生产用水安装净化设施，并采取浓密池和尾矿库分段回水形式，对尾矿库进行回水循环利用，使回水率达到93%以上。在选矿厂破碎工段和干燥厂烘干车间安装了除尘设备，经改造后达到环保要求。2009年宜春钽铌矿扩能改造工程完成后，对尾矿资源全部回收，实现无尾矿选矿，对废水进行循环利用，实现基本无废水和固体污染物排放。该项目设计平均吨矿耗电低于全国有色行业露天矿山的采选综合能耗。

肇庆多罗山蓝宝石稀有金属有限公司于2011年投资上亿元对湿法生产线进行技术改造，对排放的污水、废气进行彻底治理，实现了达标排放，钽冶金的综合能耗也有较大幅度下降。

宁夏东方钽业在不断扩大生产规模和增加生产流程复杂多样性的同时，始终坚持以人为本，牢固树立“预防污染”和“节能减排”的管理理念，促进经济与环境保护和谐发展，先后通过了ISO14001环境管理体系认证，华夏认证中心的复评审核以及三洋、三星、AVX等国外客户的独立审核。2010年，实现节能降耗约2977万元。

第三章 “三废”治理

钽在冶炼过程中，大量使用氟化氢、硫酸、金属钠及有机危险化学品等，产生毒性程度不同和数量不等的废水、废气和废渣，特别是钽分离和提取以湿法冶金为主，一般都采用高浓度氢氟酸和硫酸浸出，污染比较集中，局部浓度高腐蚀性大。以大型钽生产企业为例，通常每处理1t钽铌精矿按氧化物计平均消耗氢氟酸4～5t，硫酸约3～5t。低品位原料耗氢氟酸量高达6～8t。氢氟酸的高度腐蚀性和冶炼过程产生的含氟废气、废水、废渣问题十分突出。因此，清洁生产和经济可持续发展已成为钽铌企业发展的主题。

第一节 钽铌冶炼“三废”来源

钽铌冶炼产生的“三废”主要包括以下几个方面：

（1）废水。钽铌湿法冶炼工艺所产生的废水点较多，废水量较大，且种类、成分复杂，如矿浆萃取、萃取酸洗、氢氧化铌（氢氧化钽）沉淀及洗涤、氟钽酸钾结晶以及制钽粉酸洗过程产生的含氟废水，氟钽酸钾结晶母液用氨沉淀后产生的含氨废水等。

（2）废气。在钽铌冶炼过程中，钽铌精矿酸分解过程产生的含氟废气。氢氧化钽、氢氧化铌沉淀工序产生的含氨废气。精矿氯化、碳化物氯化、还原提纯和真空蒸馏等过程产生的含氯废气。钽铌粉末冶金过程中的粉尘等。

（3）废渣。钽铌冶金中的废渣主要是精矿分解后的残渣或矿浆萃取后的残渣，这些残渣常含有放射性元素铀、钍及其衰变产物以及废水处理过程产生的沉淀废渣等。主要危险固体废弃物为钠还原生产钽粉产生的副产物氟化盐；分解钽矿石产生的放射性废渣。

第二节　钽冶炼过程中的“三废”治理措施

一、废水治理

钽铌冶炼厂废水处理大致有合并处理和分别处理两类方法。对兼含有氟和铀的废水多用合并处理的办法，而对那些含有一定量有用物质的废水多采用分别处理的办法。常用的废水处理方法有化学法、离子树脂交换法、吸附法、蒸发浓缩法、反渗透法、电解法、电渗析法和生物处理法等。钽铌冶金废水中因含氟使某些处理方法受到一定局限。

（一）合并处理

废水合并处理有吸附法和沉淀法两种：

（1）吸附法。吸附法是用可吸附氟的吸附剂，如皂土、沼铁矿等和可吸附铀的吸附剂，如磷酸钙、磷酸镁、焦炭、软锰矿等，通过物理吸附和化学吸附除去废水中的氟、铀等有害物质。

（2）沉淀法。沉淀法有重力沉淀法和化学沉淀法两种。重力沉淀法主要通过重力澄清分层去除废水中的砂粒、化学沉淀物等；化学沉淀法常用的除氟沉淀剂有氧化钙（石灰）、硫酸铝、过磷酸钙、氢氧化镁、聚合氯化铝、聚丙烯酰胺等，如采用石灰作沉淀剂，除去废水中的 F^- 和重金属离子。常用的除铀沉淀剂有氧化钙、氢氧化铝和新鲜的氢氧化铁等。一般情况下，采用重力沉淀和化学沉淀合并处理废水的情况较多。

（二）分别处理

在钽铌湿法冶炼过程中，沉淀工序产生的废水中含有大量的 NH_4^+、F^-、SO_4^{2-}（NH_4^+ 约 10g/L；F^- 约 80g/L，SO_4^{2-} 约 30g/L），由于其浓度较高，可蒸发回收其中价值较高的 NH_4^+ 和 F^-。在蒸发过程中利用氟化氢铵、硫酸铵的溶解度随温度变化不同的特性，采用分步结晶法可使这两种化合物基本分离。

1996 年九江有色金属冶炼厂直接利用钽沉淀母液作单一稀土氟化物的沉淀剂，效果很好。

广东多罗山稀有金属有限公司专门建有含氟酸性废水处理设施，又投入 100 多万元购买了蒸氨塔处理高浓度含氨废水，回收利用液氨，并从含钛矿萃残液中有效回收了氟钛酸钾，从铌中和沉淀液中有效回收了硫酸铵，将酸洗残液返回矿石分解。

宁夏东方钽业与中科院过程研究所合作，对高氟氨氮废水进行综合治理。2004 年投资 700 万元，将高氨废水中的氨氮转化成铵盐回收氟化氢铵，新建了一条氟化氢铵生产线，生产工业级和试剂级氟化氢铵。

东方钽业投资2500万元扩建的污水处理厂2010年正式投入使用，主要建成了四级除氨回收塔，硫酸铵回收车间，引进了德国威斯法力亚离心式脱泥机，并对污水处理设施进行了改造，实现了可处理含氨含氟废水3000t/d，处理后废水中pH值为6～9，氟化物小于20mg/L，氨氮小于25mg/L，确保工业污水的全面达标排放。图8-1所示为东方钽业扩建的污水处理系统。

(a) (b)

图8-1 东方钽业扩建的污水处理系统

（a）酸性废水处理系统；（b）碱性废水处理系统氨气收集装置

二、废气治理

（一）含氟废气的治理

含氟废气的治理技术可分为干式吸附法和湿式吸收法。干法净化通常采用氧化铝作吸附剂，将废气中的HF、SiF_4等污染物吸附在固体表面，再通过除尘除去。干法净化烟气通常要先经过布袋收尘。干式吸附法设备工艺简单、净化效率高、流程短，不产生二次污染和设备腐蚀等问题，但仅能用于不含水汽的氟化氢气体的净化。湿式吸收法是采用水或碱性水来循环吸收废气中的 HF 达到净化目的，并生成氟硅酸和氟硅酸钠等。湿式吸收法净化效率高，效果好，易实现连续化净化作业，但缺点是可能造成二次污染。

广东多罗山稀有金属有限公司通过冷凝和吸收塔湿法处理 HF 酸性废气和 NH_3 碱性废气。

株洲硬质合金集团采用先回收废气中的氟化氢，再用水两级淋洗的治理工艺，建设一套处理 10000m^3/h 废气的装置，并于 1996 年投入使用。氟化氢去除率达到 97% 以上，处理的废气可达标排放，回收的氢氟酸达到 19mol/L，可用于生产工艺。

宁夏东方钽业 2011 年投资 200 万元安装了碱吸收净化塔和纯水吸收净化装置，用碱液吸收塔控制氯化氢、氟化氢、硫酸等的排放；通过纯水吸收和稀硫酸吸收控制氨气排放。对废气排放监测结果显示氨气、颗粒物、氟化物、NO_x、粉尘、氨、SO_2 的排放全部符合相关国家标准及法规。

（二）含钽铌氧化物粉尘废气的治理

钽铌氧化物焙烧过程中，产生少量的钽铌氧化物粉尘，一些厂家采用袋式除尘器对粉尘进行回收。东方钽业主要通过布袋除尘装置控制工业粉尘的排放，采用酸洗岗位产生的废水进行喷射除尘，取得了较好的效果。

（三）含钽粉尘的回收

磨筛工序含钽粉尘，经济价值较高，但由于粉尘粒度较细，若处理不当，易发生着火甚至爆炸。东方钽业采用系列组合式集尘器，通过惰性气体保护、设置阻火装置等安全措施，解决了含钽粉尘易着火、爆炸的问题，回收各磨筛岗位钽粉尘，2004 年投入使用，取得了较好的经济效益。图 8-2 所示为东方钽业的废气、粉尘处理系统。

(a) (b)

图 8-2 东方钽业的废气、粉尘处理系统

（a）废气净化装置；（b）氟化氢铵回收装置

三、废渣治理

放射性钽铌渣是钽铌冶炼产生的分解残渣，渣矿比为 160kg/t（矿），比活度为 $1.24\times10^{5}\sim2.72\times10^{5}$ Bq/kg。中华人民共和国《放射防护规定》中规定：比活度等于或大于 2×10^{4} Bq/kg，都属于放射性固体废物。对放射性废渣应按照《放射防护规定》，采用储存法和固化法处理，储存在

符合标准的废物库内，或选择符合安全要求的浅地层埋藏场地进行处置。

宁夏东方钽业对未能回收的废物送至有资质的单位进行处理和处置；污水处理系统产生的底泥则直接送往中色（宁夏）东方集团有限公司专用渣库集中堆存。对冶炼产生的放射性废矿渣，送入中色（宁夏）东方集团有限公司有毒有害放射性渣库进行安全填埋。广东多罗山稀有金属有限公司对湿法冶炼产生的低放射性废渣，经过妥善管理储存后移交有资质单位处理。

东方钽业对钽铌湿法冶金过程中产生的含氯化钾废渣、含钽废渣、铌及铌合金废料均进行湿法冶金重熔回收利用；含氟副产物和钽粉尘，按品质分类回收，用于湿法冶金重熔或直接作为产品；机械加工产生的钽铌废料，回收后用于湿法冶金重熔。

第四章　职工安全与健康

第一节　钽铌冶炼企业的职业危害

一、放射性危害

钽、铌矿物常与铀、钍等放射性元素伴生。由环境检测报告可知，矿石中存在放射性物质铀、钍，含量一般为1‰～3‰，经酸分解后的残渣中，铀、钍元素进一步富集，其含量有的高达1%以上，临时渣库中的γ辐射剂量较高，污水中也含有一定量放射性物质。钽铌冶炼的前期处理，存在着放射性物质的危害与防护问题。

二、腐蚀性危害

（一）液体危害

钽铌冶炼使用较多的强腐蚀性化学试剂，用量很大，特别是湿法冶炼部分，如氢氟酸、硫酸、盐酸、硝酸、氢氧化钠等。这些物质若与皮肤接触会引起化学灼伤，若进入呼吸道则有害健康。特别是氢氟酸的渗透能力很强，在灼伤皮肤后，若不及时清洗，可能造成肌腱、骨膜及骨骼的深度损伤。这些物质还严重腐蚀设备，缩短设备寿命，并且容易造成事故。

（二）气体危害

长期吸入甲基异丁基酮（MIBK）会对人体健康造成危害，氨气会造成人体中毒，在生产过程中反应挥发出的氟化氢气体、硝酸气体等废气也对人的身体健康造成危害。

三、易燃易爆

钽铌冶炼使用的易燃、易爆物质较多。甲基异丁基酮（MIBK）和仲辛醇等有机试剂，闪点低，易燃；若发生泄漏，空气中含氢气的浓度在4.5%～75.0%之间或者氨气浓度达15.7%～27.4%的爆炸极限时，遇明火则都会引起燃烧爆炸；金属钠遇水后发生剧烈反应，产生氢气，并放出大量的热量，容易引起自燃或爆炸，同时生成的氢氧化钠在空气中形成碱雾，灼伤人的皮肤。钽金属粉末，特别是高比容钽粉，粒径越细活性越大，在某些情况下是易燃的。在制粉、筛粉、热处理、烘干等加工过程中，因摩擦、撞击或静电等原因会发生钽粉着火、爆炸。

四、粉尘危害

钽、铌粉末冶金过程中接触的粉尘很多，如湿法冶炼部分的球磨和酸分解岗位要接触放射性矿物粉尘；煅烧、过筛岗位要接触氧化物粉尘；火法冶炼部分要接触氧化物、炭黑和金属粉尘等。

五、机械伤害

钽制品加工过程中，有快速挤压机、轧管机、辊轧机、拉丝机等转动机械，在操作中或检修时，如防护设施不完善、误操作等有可能发生机械伤害。

第二节　预防措施

一、酸碱防护

湿法冶炼部分的设备、管道、储液槽、风机等，要加强防腐，并经常检查，及时修补和更换。输送氢气的管道及容器要有明显的标志，保证不漏，并设置安全装置。对易挥发的物质，诸如氨、氢氟酸、硝酸、盐酸等，为控制和降低各作业点向外逸散的气体量，必须对敞口设备与容器加盖，并安装通风设施，加强通风，改善作业环境。

二、放射性防护

在装卸、破碎精矿和处理、干燥、分解残渣时，应采取湿式作业、密闭通风、除尘净化等综合措施，降低作业场所空气含尘中天然铀、钍的浓度，使其含量低于 $0.02mg/m^3$。含放射性的残渣，渣库设专人管理，用专用运输工具转移到远离生产作业区的地下渣仓中，堆满后用土掩埋，并设明显标示牌。残渣在装卸搬运过程中不能滴漏撒落。为了防止射线对人体的伤害，应严格制定缩短工作时间，进出车间更换工作服和下班必须洗澡的规定，并且认真执行。

三、防爆措施

为防止氢气泄漏与空气混合发生燃烧爆炸事故，必须严格控制操作岗位空气中的氢含量，控制火源，并对供气储罐、管路与阀门进行严格试压检漏。压力容器必须由专业厂制造，并严格按规程操作，定期进行安全检查和测试，不合格者必须及时报废。钽粉着火时不可用普通灭火剂。较好的办法是使用高压 NaCl 粉或氩气使火熄灭。

金属钠必须保存在煤油中，并密封放置。钠还原剩余的金属钠，用水处理应在无人场所或专用“放炮”室内进行，以防气浪与碱性粉末或金属杂物飞溅伤人。

四、穿戴个人防护用品

铀、钍放出的 α 射线，其电离能力很强，贯穿能力较弱，在空气中一般只能运行 3 ~ 8cm 的路程即被吸收。一张纸、一层布即可加以防护。因此，对其外照射一般不需防护，关键是需防止含其粉尘进入体内形成照射。所以在有放射性岗位操作的工人，必须佩戴好口罩及乳胶手套，穿好工作服和防酸套鞋。在酸、碱作业岗位的工人，还应佩戴护目镜。在钠还原岗位，应佩戴透明的有机玻璃面罩。高温作业岗位应用石棉手套。

五、医疗监护

对接触放射性物质者，应加强劳动保护，定期进行血液、肝、脾等的检查。对接触粉尘者，应特别注意进行定期的胸部检查，发现问题及时治疗。据文献资料报道，广州市职业病防治院对某钽铌冶炼厂进行职业卫生现场调查和职业危害评价，调查发现钽铌精矿前处理车间属于高毒作业场所，作业人员呼吸道黏膜炎症的患病率较高，可能与车间存在的氟化物、氨、氯化氢等刺激性气体损害有关。

第九篇

资 本 运 营

第一章 世界钽行业资本运营

近10年来，世界经济趋向一体化，世界钽供应链包括钽铌矿勘探、钽铌金属冶炼加工、钽电容器制造的相关上市公司都经历了并购重组、整合，呈现新的特点：

（1）世界钽精矿生产和钽冶炼加工行业高度集中，仅由世界少数国家的几家大公司垄断并控制。巴西、澳大利亚等几个国家的钽铌矿山由少数几家矿业公司控制，钽冶炼与加工主要集中在中国、美国、德国、日本和哈萨克斯坦。

（2）钽供应不足，价格居高不下，促使许多公司纷纷涉足钽铌矿勘探及开采。在澳大利亚、加拿大、沙特阿拉伯、格陵兰岛和非洲等国家和地区，钽铌矿勘探活动非常活跃。这些探矿企业、矿产公司相继在资本市场发行股票，进行融资，如澳大利亚的Gippsland、加拿大的Noventa、英国的Tertiary Minerals等，详见表9-1。

表 9-1　世界钽铌行业主要上市公司情况

类型	国家	公司名称	上市证券交易所及证券代码	拥有钽铌矿山及冶炼厂	并购整合
钽铌矿探矿、采选	澳大利亚	Gippsland有限公司	澳大利亚证券交易所（ASX）：GIP； 伦敦证券市场创业板（AIM）：GIP； 英国 PLUS 证券市场：GIP	埃及 Abu Dabbab 矿； 埃及 Nuweibi 矿	
	加拿大	Noventa矿业有限公司	伦敦证券市场创业板（AIM）：NVTA； 加拿大多伦多证券市场（TSX）：NTA	莫桑比克 Marropino 矿； Morrua 矿	
	加拿大	Pacific Wildcat资源公司	多伦多交易所创业板（TSXV）：PAW	莫桑比克 Muiane 钽矿	
	加拿大	Commerce资源公司	多伦多交易所创业板（TSXV）：CCE	加拿大 Upper Fir 钽铌矿床； 加拿大 Blue River 钽铌矿	
	加拿大	Avalon稀有金属公司	加拿大多伦多证券市场（TSX）：AVL； 全美证券交易所（AMEX）：AVL	加拿大西北地区 Nechalacho 钽铌稀土矿床	
	英国	Ram Resources	澳大利亚证券交易所（ASX）：RMR	格陵兰岛 Motzfeldt 钽铌矿	
	英国	Tertiary Minerals plc	伦敦证券市场创业板（AIM）：TYM	沙特阿拉伯的 Ghurayyah 钽铌稀土矿，估计 Ta_2O_5 储量为 9.3 万吨	

续表 9-1

类型	国家	公司名称	上市证券交易所及证券代码	拥有钽铌矿山及冶炼厂	并购整合
钽铌冶炼加工	美国	Cabot 公司	纽约证券交易所（NYSE）：CBT	100% 控股加拿大 Tanco 公司钽矿	2002 年 2 月，Cabot 以 1 亿美元收购日本 SCSM 的剩余股份，并实现对该公司的完全控股，该公司在日本生产钽粉和钽制品； 2008 年 1 月 7 日，Cabot 以 400 万美元收购美国 AP Materials 公司的资产和生产金属粉末的燃烧合成法技术； 2011 年 8 月 25 日，Cabot 宣布以总价至少 4 亿美元将旗下 Super metals 钽业务部出售给澳大利亚 GAM 公司，直到 2012 年 1 月 23 日才完成这项交易
	德国	H. C. Starck	计划发行股票上市	—	2006 年 3 月 27 日德国 Bayer 集团宣布将 H. C. Starck 出售给 Advent 和 Carlyle 两大集团，直到 2007 年 2 月 5 日才完成这项交易
	中国	东方钽业	中国深交所 A 股，证券代码：000962	—	持有福建南平闽宁钽铌矿业开发有限公司 20% 股份

续表 9-1

类型	国家	公司名称	上市证券交易所及证券代码	拥有钽铌矿山及冶炼厂	并购整合
钽铌冶炼加工	中国	广晟有色	中国上交所 A 股，证券代码：600259	—	广晟有色 100% 控股从化钽铌冶炼厂，先后成立或收购了八家稀土类企业，具有较为完善的稀土产业链
钽铌矿探矿、开采	中国	江特电机	中国深交所中小企业板，证券代码：002176	—	收购江西宜春新坊钽铌公司 51% 的股权； 收购宜春市泰昌钽铌矿业有限公司 80% 的股权

（3）钽供应链并购整合。2011 年澳大利亚 Global Advanced Metals（GAM，全球高级金属公司）收购 Cabot Supermetals（卡博特超级金属），将世界最大的钽矿资源和 Cabot 的先进钽粉技术集于一身。世界钽供应链包括下游终端应用市场——钽电容器制造商之间的并购整合一直非常频繁，最引人注目的是近年来国际巨头跨行业的垂直整合钽供应链，详见表 9-2。

（4）海外投资。日本东芝公司 2011 年 9 月出资 49%，与哈萨克斯坦国家原子能公司（Kazatomprom）合资，成立稀有金属销售公司“KT 稀有金属”，主要经营超导用铌材及电容器用钽等稀有金属。

表 9-2 世界钽电容器上市公司及供应链并购整合

主业类型	国家及地区	公司名称	上市证券交易所及证券代码	钽供应链并购整合
钽铌电容器生产	美国	AVX	纽约证券交易所(NYSE):AVX	1990 年 1 月，日本 Kyocera（京瓷）公司以 2.67 亿美元收购了 AVX 公司，1995 年京瓷公司在证券市场上市，将 AVX 股份减持 25%
钽电容器生产	美国	Kemet	纽约证券交易所(NYSE):KEM	Kemet 于 2005 年以 8650 万欧元收购德国 EPCOS 公司的钽电容器业务部； Kemet 于 2008 年将液体钽电容器资产作价 3520 万美元出售给 Vishay，另外要求 Vishay 提供 1500 万美元的三年期贷款担保作为补偿； Kemet 于 2012 年 2 月 2 日宣布将以 7500 万美元收购内华达州的钽粉制造商 Niotan 公司； Kemet 于 2012 年 3 月 12 日宣布将收购 NEC-Toking 公司 49% 的股权和 51% 的普通股投票权，2012 年 4 月完成 1500 万美元高级债券发行，部分募集资金用于这次收购，分两次共支付 1 亿美元，Kemet 计划通过追加投资或收购 NEC 持有股份，最终实现对日本 Toking 子公司的完全控股

续表 9-2

主业类型	国家及地区	公司名称	上市证券交易所及证券代码	钽供应链并购整合
钽电容器生产	美国	Vishay	纽约证券交易所(NYSE):VSH	Vishay 于 1992 年收购 Sprague 钽电容器分公司; Vishay 于 1993 年以 1100 万美元收购北美飞利浦公司的钽电容器业务; Vishay 2001 年收购 Tansitor 和 Mallory 公司,这两家公司主要生产液体电解质钽电容器; Vishay 于 2002 年将北美钽电容器制造商 Mallory 出售给美国 Cornell Dubilier 公司; Vishay 于 2008 年以 3520 万美元收购 Kemet 的液体钽电容器资产
钽电容器生产	日本	Nichicon	东京证券交易所主板上市,大阪证券交易所主板上市股本:14286 百万日元(截止日期 2011-03-31)	2004 年 3 月收购松下电子部品株式会社的钽电容器资产,并接管松下在华业务,同年 10 月 Nichicon 电子天津有限公司开始生产固体钽电解电容器
仅生产铝和薄膜电容器(钽电容器业务转让给中国台湾 Holy Stone)	日本	Hitachi AIC(日立)	东京证券交易所(TSE)上市,证券代码:6501 注:日立公司于 2012 年 4 月 5 日宣布日立公司在美国存托股票于 2012 年 4 月 27 日从纽约证券交易所退市	2009 年 10 月 1 日,波士顿 Hitachi 公司并入日立化成美国有限公司(日立全资子公司); 2010 年 3 月 31 日,日立将日本的钽铌电容器业务部全部转让给中国台湾的 Holy Stone(禾伸堂),日立化成美国公司(波士顿办事处)继续在新品牌名称下销售日立产品

续表 9-2

主业类型	国家及地区	公司名称	上市证券交易所及证券代码	钽供应链并购整合
钽、铝、薄膜电容器	日本	Matsuo（松尾）电气株式会社	日本大阪证券交易所二板，股本：26，220，000股（截止日期：2011-03-31）	
钽电容器	中国台湾	台湾禾伸堂（Holy Stone）	2000 年在台湾证券交易所上市	收购日本 Hitachi AIC 的钽铌电容器资产，包括技术和人员

近年来，中国许多企业实行“走出去”的发展战略，踏出国门，到海外投资，创办合资或独资企业，从事矿产资源勘探、开采、冶炼加工和贸易。

据报道，2006 年 10 月江西景泰钽业成立了东非桂族钽铌有限公司，并取得了埃塞俄比亚矿产资源的勘探、开采和矿产品的出口权。

2011 年 8 月，河南省地矿局第一地质工程院、豫矿国际矿业有限公司在尼日利亚宾盖发现大型铌钽砂矿，经初步估算，矿区可获取铌钽金属资源量逾 4 万吨，目前河南省勘查单位已取得了由当地政府签发的探矿权证。

东方钽业与宁夏有色金属进出口有限公司共同出资，在非洲赞比亚中国经济贸易合作区设立中色东方非洲有限公司。

2012 年 2 月，埃塞俄比亚政府邀请中国等四个国家的投资者参股埃塞俄比亚矿产开发股份公司（EMDSC），为 Kenticha 矿山的扩建和新建稀土金属加工厂筹集资金。EMDSC 公司已跻身世界钽生产商前 10 名，Kenticha 矿已跻身世界六大金属矿行列。

第二章　中国钽行业资本运营

近 10 年来，受国际市场大背景的影响，一些央企和民营企业对中国钽铌矿山或冶炼企业竞相收购、重组，推动了中国钽行业资源和供应链的整合，行业集中度逐渐提高。目前，中国钽行业也出现一些新的变化特点：一是钽行业的并购整合大多是市场经济体制下企业自身行为或者是政府协调、审批（股权无偿划拨）和企业自愿相结合的结果；二是过去勘探发现的许多钽铌矿多年一直处于待开发阶段，而近几年国内钽矿（包括新近发现、探明储量的钽矿）受地方政府和企业投资推动相继转入建设开发；三是许多企业以首次公开发行股票、借壳上市或收购股权的方式进行资本运作，涉足钽铌行业，并在中国资本市场上市募集资金和再融资；四是在钽供应不足且钽价高企的市场背景下，许多民营企业、外资企业、贸易公司相继涉足钽铌行业，从事钽矿勘探、采选、冶炼、加工生产与贸易；五是中国境内企业开始实行“走出去”发展战略，在海外投资，从事钽铌资源勘探和开发。

近 10 年内中国主要钽铌企业控股股东和实际控制人变化和隶属关系见表 9-3。

表 9-3　中国主要钽铌企业控股股东和实际控制人

类型	钽铌矿山及冶炼企业	控股股东	实际控制人
钽铌矿山开采	江西宜春钽铌矿	江西钨业集团有限公司	中国五矿集团
	湖南湘东钽铌矿（湖南香花岭和金竹陇钽铌矿）	湖南有色金属控股集团公司	中国五矿集团
	湖南桂东钽铌稀土矿	湖南有色金属控股集团公司	中国五矿集团
	江西大吉山钨业有限公司	江西钨业集团有限公司	中国五矿集团
	江西石城海罗岭钽铌矿	中航供销江西公司	中国航空工业供销有限公司
	江西横峰葛源钽铌矿	江西省地质矿产勘查开发局	江西省政府
钽铌冶炼	宁夏东方钽业股份有限公司	中色（宁夏）东方集团公司	中国有色矿业集团有限公司
	九江有色金属冶炼有限公司（前身为九江有色金属冶炼厂）	江西钨业集团有限公司	中国五矿集团
	湖南株洲硬质合金集团钽铌事业部	湖南有色金属控股集团公司	中国五矿集团
	广东从化钽铌冶炼厂	广晟有色金属集团有限公司	广东广晟资产经营有限公司
	广西有色栗木矿业有限公司（前身广西栗木钽铌冶炼厂）	广西有色金属集团桂北投资有限公司	广西有色金属集团有限公司

第十篇

钽行业相关政策法规

第一章　钽行业相关政策

钽、铌等小金属在工业经济发展中的战略意义日益突出，欧盟、日本、中国等都提出了矿产资源包括钽铌资源的短缺预警及对策。

2010 年 6 月 17 日，欧盟委员会发布题为《对欧盟生死攸关的原料》的报告，提出欧盟稀有矿产原料短缺预警及对策。将 14 种重要矿产原料列入“紧缺”名单，即锑、铍、钴、萤石、镓、锗、石墨、铟、镁、铌、钽、钨、铂族金属和稀土（包括钪、钇和镧系共 17 种稀有金属）。报告认为，稀有矿产原料的短缺可能影响欧盟高科技产业乃至欧盟低碳经济的发展。

多年前，日本、韩国就建立了稀有金属储备制度，早已悄悄地对稀有金属进行储备，日本还多次修改金属资源保障政策，扩大稀有金属储备品种，以维护本土高科技产业的竞争力。

中国的《新材料产业“十二五”发展规划》指明了稀

有金属特种材料的技术发展方向，其中包括高比容钽粉、大尺寸超高纯金属靶材、铌钛合金和铌锡合金等低温超导材料；在产业布局方面，提到“加快在中西部资源优势地区建设一批钼、钽、铌、铍、锆等特色稀有金属新材料产业基地”。对钽铌稀有金属重点产品如 150000 ~ 250000μF · V/g 高比容钽粉、细晶钽片、高品质铌片、高性能铌合金、半导体芯片用高纯钽靶材和环件、NbTi 和 Nb_3Sn 超导线材的主要性能指标、关键技术装备都作了较详细描述。

据 2010 年 11 月 3 日《上海证券报》报道，中国相关部门已开展对稀土、钨、锑、钼、锡、铟、锗、镓、钽和锆十种稀有金属进行战略收储的研究工作。钽等品种属于中国的稀缺资源，对外依存度大、需要长期依赖进口，受海外市场价格波动影响明显。研究收储的十种金属，除了稀土、钨和铟外，都是首次进入国家层面的收储计划。

第二章 钽铌行业管理法规

第一节 对稀土、钽、铌等矿产辐射的监督

为保护环境，保护公众健康，促进铀（钍）矿以外的矿产资源开发利用可持续发展，根据《中华人民共和国放射性污染防治法》、《中华人民共和国环境影响评价法》等法律法规，环境保护部于 2013 年 2 月 4 日发布了《矿产资源开发利用辐射环境监督管理名录（第一批）》，见表 10-1。

该名录将对各类稀土矿、钽铌矿石的开采、选矿和冶炼等进行监督。

表 10-1　矿产资源开发利用辐射环境监督管理名录（第一批）

序号	行　业	工 业 活 动
1	稀　土	各类稀土矿（包括独居石、氟碳铈矿、磷钇矿和离子型稀土矿）的开采、选矿和冶炼
2	铌、钽	含铌、钽矿石的开采、选矿和冶炼
3	锆及氧化锆	锆英石（砂）、斜锆石的开采、选矿和冶炼
4	钒	钒矿的开采和冶炼
5	石　煤	石煤的开采和使用

环境保护部要求，已纳入《矿产资源开发利用辐射环境监督管理名录》的，并且原矿、中间产品、尾矿（渣）或者其他残留物中铀（钍）系单个核素含量超过 1Bq/g 的矿产资源开发利用项目，建设单位应当委托具有核工业类评价范围的环境影响评价机构编制辐射环境影响评价专篇和辐射环境竣工验收专篇。辐射环境影响评价专篇应当纳入环境影响评价文件，与该项目的环境影响评价文件同步编制，一并申报，评价类别按环境保护部颁布的《建设项目环境影响评价分类管理名录》执行。环评及验收阶段的辐射监测工作应当委托辖区内具有相应资质的监测单位实施。环境保护部将根据辐射环境管理的需要，对监督管理名录适时予以调整并公布。

第二节　新一轮矿产资源保障程度论证启动

2013 年 9 月，国土资源部发出了《关于开展新一轮矿产资源保障程度研究论证工作的通知》，决定从 2013 年到 2015 年，开展全国主要矿产资源对 2020 年、2025 年及 2030 年国民经济与社会发展保障程度的研究工作。《通知》对工作进度、任务分工等作出安排，其中钽铌在列，要求 2014 年完成铌、钽等 17 个单矿种保障程度论证。

论证工作总体目标为：系统论证 46 种主要矿产资源对未来 20 年中国经济社会可持续发展的保障能力，研究矿业的产业布局、产业结构与区域经济社会发展布局关系，建立矿产保障程度动态分析与决策支持系统，推动矿产资源安全保障体系建设，为国家宏观决策和国民经济中长期规划提供科学依据，为资源产业持续健康发展和区域经济社会发展提供基础支撑。

国土资源部成立新一轮保障程度论证工作办公室，由部储量司牵头负责，中国地质科学院资源所、国土资源部信息中心、中国国土资源经济研究院、国土资源部油气中心、油气评审办、中国地调局发展研究中心等单位牵头承担有关论证研究工作，各省（区、市）国土资源部门、各石油公司协助开展典型矿区技术经济评价及相关研究。

第三节　利用境外钨镍钴钽铌等稀有金属资源获国家新政策支持

2013 年 5 月，国家发改委、商务部联合发布了《中西部地区外商投资优势产业目录（2013 年修订）》，国家新增

8条优惠政策支持江西，鼓励外商投资。8条优惠政策包括利用境外钨、镍、钴、钽、铌等稀有金属资源深加工、应用产品生产及循环利用等。该目录于2013年6月10日起施行，见表10-2。

表10-2 有色金属行业主要政策法规

政策法规名称	发布时间	发布部门	备注
有色金属行业“十二五”发展规划	2011-12-04	工业和信息化部	
新材料产业“十二五”发展规划	2012-01-04	工业和信息化部	明确规定了钽铌稀有金属特种材料的技术发展方向、产业布局以及钽铌重点产品主要性能指标及关键技术装备
工业节能“十二五”规划	2012-02-27	工业和信息化部	
有色金属工业节能减排工作方案	2007-09	中国有色金属工业协会	
有色金属单位产品能耗限额强制性国家标准	2009-11-01	中国有色金属工业协会，全国有色金属标准化技术委员会	先后制定了铜、铝、铅、锌等8种金属的单位产品能耗限额标准，钽铌精矿和钽铌冶炼单位产品能耗限额标准的编制已列入有色金属标准化技术委员会的近期工作计划
中华人民共和国资源税暂行条例	2011-11-01	财政部、国家税务总局	没有调整其他非金属矿原矿及有色金属矿原矿的税率标准

第三章 贸易政策

第一节 美国进口税率

美国2012年进口关税税率见表10-3。

表10-3 美国2012年进口关税税率

商品名称		税则编号	正常贸易关系税率（2012年12月31日）
人工合成钽铌精矿		2615.90.3000	零关税
钽矿石和精矿		2615.90.6060	零关税
钽氧化物		2825.90.9000	3.7%
氟钽酸钾		2826.90.9000	3.1%
未锻轧钽	钽 粉	8103.20.0030	2.5%
	钽金属及其合金	8103.20.0090	2.5%
	钽废料	8103.30.0000	零关税
	其他钽产品	8103.90.0000	4.4%

注：资源耗减补贴（depletion allowance）为：22%（国内），14%（国外）。

第二节 中国海关进出口关税

一、中国出口退税政策

中国财政部明确从2008年11月1日起，适当调高部分劳动密集型和高技术含量、高附加值商品的出口退税率，电容器用钽丝的出口退税率从5%提高到13%；自2009年4月1日起将其他钽丝、其他锻轧钽及其制品的出口退税率从5%提高到9%，并一直延续至今。2012年钽原料及加工产品出口关税、退税率见表10-4。

表10-4 2012年钽原料及加工产品出口关税、退税率一览表

类别	税则编号	出口商品描述	出口产品名称	出口退税率/%	出口关税/%	海关监管条件
钽	2615901000	水合钽铌原料（钽铌矿富集物）	钽、铌精矿	0	30	出口许可证
	2615909010	铌、钽精矿及其矿砂	钽、铌精矿	0	30	出口许可证
	8103201100	松装密度小于 $2.2g/cm^3$ 的钽粉	电容器级钽粉	13	0	出口许可证
	8103201900	其他钽粉	冶金级钽粉	0	0	出口许可证
	8103209000	其他未锻轧钽，包括简单烧结而成的条、杆	钽 锭	0	0	出口许可证
	8103300000	钽废碎料	钽废碎料	0	10	出口许可证
	8103901100	直径小于0.5mm的钽丝	钽 丝	13	0	出口许可证
	8103901900	其他钽丝	钽 丝	9	0	出口许可证
	8103909010	钽坩埚（容积在50mL至2L之间，钽纯度不小于98%）	钽坩埚	5	0	两用物项和技术出口许可证

续表 10-4

类别	税则编号	出口商品描述	出口产品名称	出口退税率/%	出口关税/%	海关监管条件
钽	8103909090	其他锻轧钽及其制品	钽条、带、棒、管材等	9	0	出口许可证
	2826909010	氟钽酸钾	氟钽酸钾	0	30	无
钽电容器①	8532211000	片式钽电容器	电容器	17	0	无
	8532219000	其他钽电容器	电容器	17	0	无

注：资料来源于《2012 中国海关报关实用手册》。计量单位为千克。

①钽电容器的进口计量单位为千克/千个。

二、中国海关进口关税及商品协定税率

2012 年钽原料及加工产品海关进口关税、增值税率见表 10-5。

表 10-5　2012 年钽原料及加工产品海关进口关税、增值税率一览表

类别	税则编号	进口商品名称	进口关税税率/%		增值税率/%	海关监管条件
			最惠国	普通		
钽原料及加工产品	2615901000	水合钽铌原料（钽铌矿富集物）	0	0	17	无
	2615909010	铌、钽精矿及其矿砂	0	0	17	无
	8103201100	松装密度小于 2.2g/cm^3 的钽粉	6	14	17	出口许可证
	8103201900	其他钽粉	6	14	17	出口许可证

续表 10-5

类别	税则编号	进口商品名称	进口关税税率/%		增值税率/%	海关监管条件
			最惠国	普通		
钽原料及加工产品	8103209000	其他未锻轧钽，包括简单烧结而成的条、杆	6	14	17	出口许可证
	8103300000	钽废碎料	6	14	17	出口许可证；入境货物通关单；固体废物进口许可证
	8103901100	直径小于 0.5mm 的钽丝	8	30	17	出口许可证
	8103901900	其他钽丝	8	30	17	出口许可证
	8103909010	钽坩埚（容积在50mL至 2L 之间，钽纯度≥98%）	8	30	17	两用物项和技术出口许可证
	8103909090	其他锻轧钽及其制品	8	30	17	出口许可证
	2826909010	氟钽酸钾	5.5	30	17	无
钽电容器①	8532211000	片式钽电容器	0	35	17	无
	8532219000	其他钽电容器	0	35	17	无

注：资料来源于《2012 中国海关报关实用手册》。计量单位为千克。
①钽电容器的进口计量单位为千克/千个。

2012 年中国海关实施钽系列进口商品协定税率，详见表 10-6。

表 10-6 2012 年中国海关实施钽系列进口商品协定税率

（%）

税则编号	商品描述	最惠国税率	东盟[①]	智利	巴基斯坦	新西兰	秘鲁	哥斯达黎加
81032011	松装密度 < 2.2g/cm^3 的钽粉	6	0	0	5	0	0	0
81032019	松装密度 ≥ 2.2g/cm^3 的钽粉	6	0	0	5	0	0	0
81032090	未锻轧钽	6	0	0	5	0	0	0
81033000	钽废碎料	6	0	0	5	0	0	0
81039011	直径 < 0.5mm 的钽丝	8	0	0	5	0	0	0
81039019	直径 ≥ 0.5mm 的钽丝	8	0	0	5	0	0	0
81039090	其他锻轧钽及其制品	8	0	0	5	0	0	0

注：资料来源于《2012 中国海关报关实用手册》。

①东盟包括：文莱、柬埔寨、印尼、老挝、马来西亚、缅甸、菲律宾、新加坡、泰国、越南。

第十一篇

钽相关组织和刊物

第一章　中国有色金属工业协会钽铌分会

中国有色金属工业协会钽铌分会经民政部批准予以登记，隶属于中国有色金属工业协会管理的分支机构，于2009年8月9日在北京召开成立大会。钽铌分会挂靠中色（宁夏）东方集团有限公司，现有会员单位32家，主要由钽铌矿山、冶炼加工企业和从事钽铌业务的贸易公司组成。第一届钽铌分会会长文献军，常务副会长李彬，秘书长张红岳；第二届钽铌分会概况见表11-1。

表11-1　第二届钽铌分会概况

名　称	挂靠单位	会长、常务副会长、名誉会长等	秘书长	地址及联系方式
中国有色金属工业协会钽铌分会	中色（宁夏）东方集团有限公司	会长：文献军 常务副会长：李彬 副会长：曹七林、郭永忠、林耀民、袁明才、毛剑、曾国忠、胡德勇 名誉会长：何季麟、邓德生	张红岳	地址：宁夏石嘴山市大武口区冶金路119号； 电话：0952-2098530； 电子信箱：tanghm_nniec@otic.com.cn

钽铌分会的主要职责包括：

（1）做好行业调查研究，摸清家底，对行业大发展趋势做好调研工作。

（2）搞好行业信息统计交流，建立定期信息统计制度和机制，为政府部门决策提供可靠依据。

（3）推进行业科技进步，加强自主创新能力，进一步实现行业的产业升级，推进技术进步。

（4）做好行业内部自律，规范管理，制定行规行约，反映企业诉求。

（5）加强国际交流合作。

第二章　中国有色金属学会稀有金属冶金学会钽铌冶金专业委员会

中国有色金属学会现有 19 个专业学术委员会，其中稀有金属冶金专业学术委员会又下设钽铌冶金专业委员会，挂靠单位是中色（宁夏）东方集团有限公司，现有委员单位 24 家。

钽铌冶金专业委员会成立于 1985 年 7 月，北京有色金属研究院任主任委员单位，委员单位包括宁夏有色金属冶炼厂、宜春钽铌矿、九江有色金属冶炼厂、从化钽铌冶炼厂、栗木锡矿、中南工业大学、广州有色金属研究院、株洲硬质合金厂四分厂、新疆阿勒泰矿等十家单位。从 1996 年至今由宁夏有色金属冶炼厂任主任委员单位。2010 年改选中色（宁夏）东方集团有限公司李彬任主任委员，北京有色金属研究总院车小奎和宁夏东方钽业股份有限公司赵兵任副主任委员，委员单位增加至24家，增加的单位主要是民营企业。

钽铌冶金专业委员会每年召开一次成员会议，每两年召开一次全体委员大会及技术研讨会，并编辑发行会议论文集。

第三章 钽铌国际研究中心（TIC）

钽铌国际研究中心（Tantalum-Niobium International Study Center，TIC）是依据比利时法律于1974年成立的一个国际性非营利协会，现有20多个国家的85个会员，涉及钽铌供应链的所有环节（包括矿石采选、贸易、矿石加工、金属加工、电容器制造、废料回收以及医疗、航空航天等领域的终端用户）。

TIC的主要工作内容有：

（1）增强对钽铌性能的认识，促进应用。

（2）每年10月组织召开会员大会并在会上作商业和技术报告。每5年的10月组织一次时间较长的商业和技术研讨会，有时包含参观某地会员工厂。

（3）将会员的钽铌原料生产、加工厂商的进货量和产品出货量以及电容器制造商的金属钽进货量数据进行统计，每季度给会员提供数据汇总报告。

（4）解决钽铌行业所面临的主要问题和挑战，如个体和小规模采矿，放射性材料运输等。

中国中色（宁夏）东方集团公司、广东从化钽铌冶炼厂、广东江门富祥电子材料有限公司、广东肇庆多罗山稀有金属有限公司、江西景泰钽业有限公司是TIC的正式会员，其中宁夏东方钽业是TIC在亚洲唯一的执委单位。

TIC网址：http：//www. tanb. org。

钽铌国际研究中心（TIC）成员概况见表11-2。

第四章　电子行业公民联盟(EICC)及“冲突钽原料”

第一节　EICC组织简介

EICC是英文Electronic Industry Citizenship Coalition的缩写简称，中文译为电子行业公民联盟。EICC成立于2004年10月，由惠普、戴尔、IBM等共同发起，发布《电子行业行为准则》(Electronic Industry Code of Conduct)，其宗旨是在全球电子行业供应链中建立标准化的社会责任行为规范，改善全球电子供应链的社会、经济和环境状况。该准则涉及劳工和招聘、健康安全、环境责任、管理系统和道德规范等。为提高《电子行业行为准则》的认知度并扩大跨行业采用标准的范围，EICC于2007年组建公司，目前有45家全球电子公司作为会员。

表 11-2　钽铌国际研究中心（TIC）成员概况

公司名称	地　址	国家及地区	电　话	电子信箱	网　址	活动类型
A&M Minerals and Metals Ltd.	Apex Yard, 29-35 Long Lane, London SE1 4PL	英格兰	+44 20 7 940 0430	info @ amgroup. uk. com	http://www. amgroup. uk. com	贸易
A&R Merchants	3140 Emmons Avenue, Suite-4U, Brooklyn, NY 11235-1723	美国	+1 718 790 7757	ronald. gilerman@ armerchants. com		贸易
A. S. Metallurgy (Liverpool) Ltd.	20 Sefton Business Park, Netherton, Liverpool L30 1RD	英格兰	+44 151 523 5438	alex. stewart@ alexstewartinternational. com	http://www. asmetallurgy. com	分析检验
ABS Industrial Resources	Harry Works, Glasshouse Road, Kilnhurst, Mexborough, South Yorkshire S64 5TH	英格兰	+44 1709 571717	craig@ absgroup. co. uk	http://www. absgroup. co. uk	原材料、合金及废料回收

续表 11-2

公司名称	地　址	国家及地区	电　话	电子信箱	网　址	活动类型
Advanced Alloy Services Ltd.	Unit 4, Universal Crescent, N. Anston Trading Estate, North Anston, Sheffield S25 4NZ	英格兰	+44 1909 569930	afisher@advancedalloys.co.uk	http://www.advancedalloys.co.uk	合金
Advanced Material Japan Corp.	9-13, Akasaka 1-chome, Minato-ku, Tokyo 107-0052	日本	+81 3 3560 5181	hi-yoshinaga@amjc.co.jp	http://www.amjc.co.jp/English	贸易
African Mining Metallurgical Group (AMMG)	1 Rohero Ave, B.P. 3377, Bujumbura	布隆迪	+257 7111 3822	ammg.info@gmail.com		采矿
Alfred H. Knight International Ltd.	Eccleston Grange, Prescot Road, St Helens, Merseyside WA10 3BQ	英格兰	+44 1744 733757	dave.cross@ahkgroup.com	http://www.ahkgroup.com/	分析检验

续表 11-2

公司名称	地　址	国家及地区	电　话	电子信箱	网　址	活动类型
AVX Ltd.	Long Road, Paignton, Devon TQ4 7ER,	英格兰	+44 1803 697 294	william. millman@ eur. avx. com	http: //www. avxcorp. com	电容器制造
B. W. Minerals Pty Ltd.	Suite 32, 44 Kings Park Road, West Perth, WA6005	澳大利亚	+61 8 62634416	bwminerals @ westnet. com. au		贸易
BEH Minerals Sdn Bhd	4 3/4 Miles, Lahat Road, Locked Bag No 2, Post Office, Lahat, 31500 Perak	马来西亚	+60 5 321 4788	behminerals @ po. jaring. my		采矿
Camet Metallurgy Inc. (Iamgold Inc.)	1693 St-Patrick Street, Montreal, Quebec H3K 3G9	加拿大	+1 514 932 9993	c. dufresne@ camet. ca	http: //www. iamgold. com	铌矿开采加工

续表 11-2

公司名称	地　址	国家及地区	电　话	电子信箱	网　址	活动类型
CBMM	Avenida das Nações Unidas, 12. 901, 23° andar, Torre Oeste, Brooklin Novo, São Paulo-SP, CEP-04578-910	巴西	+55 11 3371 9222	isildo@ cbmm. com. br	http://www. cbmm. com. br	铌矿开采加工
Commerce Resources Corp.	Suite 1450, 789 Pender Street, Vancouver, British Columbia, V6C 1H2	加拿大	+1 604 484 2700	info@ commerceresources. com	http://www. commerceresources. com	采矿
Companhia Industrial Fluminense (Metallurg group)	Rodovia BR, Km 94-CP 91, Colonia de Marcal, Sao Joao del Rei-MG	巴西	+55 323 693 6100	iresende@ lsm. co. uk	http://www. metallurg. com	贸易、钽加工

续表 11-2

公司名称	地　址	国家及地区	电　话	电子信箱	网　址	活动类型
Conghua Tantalum & Niobium Smeltery	Chicao, Shen'gang, Taiping Town, Conghua, Guangdong Province, 510980	中国	+86 20 8780 7891	ctns@21cn. com	http://www. ctns723. com	加工
Crevier Minerals Inc.	1010 Rue de la Gauchetière Ouest, Bureau 680, Montreal, Quebec, H3B 2N2	加拿大	+1 514 518 1912	sbureau@mdn-mines. com creviermineral@hotmail. com		采矿
Cronimet Central Africa AG	Allmendstrasse 11, 6312 Steinhausen	瑞士	+41 41 748 51 34	candida. owens@btinternet. com	http://www. cronimet. com	贸易
DM Chemi-Met Ltd.	Venturers House, King Street, Bristol BS1 4PB	英格兰	+44 117 915 4023	daisy@dmchemimet. co. uk		贸易

续表 11-2

公司名称	地址	国家及地区	电话	电子信箱	网址	活动类型
Duoluoshan Sapphire Rare Metal Co.	South of Sihui Avenue, Sihui City, Guangdong, 526-200	中国	+86 758 3619968	dlsnsy@ yahoo. com. cn dls_purchase@ 163. com		钽铌加工
Elite Material Solutions	17 Hayman Rise, Grange Farm, Milton Keynes, Buckinghamshire MK8 0ND	英格兰	+44 1908 506819	info@ elitematerial. com	http: //www. elitematerial. co. uk	钽铌加工
Eramet	Tour Maine Montparnasse, 33 avenue du Maine, 75755 Paris Cedex 15	法国	+33 1 45 38 42 00	antoine. greco@ eramet-group. com	http: //www. eramet. fr	有潜力的矿主
Ethiopian Mineral Development Share Company	P. O. Box 2543, Addis Ababa	埃塞俄比亚	+251 11 66 32290	eemindvt@ ethionet. et		钽矿开采

续表 11-2

公司名称	地　址	国家及地区	电　话	电子信箱	网　址	活动类型
Exotech	1851 Blount Road, Pompano Beach, FL 33069	美国	+1 954 917 1919	mark@ exotech. com	http://www. exotech. com	废料回收
F&X Electro-Materials Ltd.	Yaxi Industrial Development Zone, Xinhui City, Guangdong	中国	+86 750 643 69 98	xyz@ uil. com. hk	http://www. fxelectro. com	加工
Firadec .	Zone Industrielle de Brais, BP 194, F-44604 Saint Nazaire Cedex	法国	+33 240 012 651	claude. boudet@ sicsafco. com	http://www. firadec. fr	电容器制造
Fogang Jiata Metals Co., Ltd.	Chengnan Industrial Zone, Fogang County, Qingyuan City, Guangdong Province, 511600	中国	+86 20 38063586; +86 20 38063528	wulijue@ vip. 163. com	http://www. jycmetal. com	加工

续表 11-2

公司名称	地　址	国家及地区	电　话	电子信箱	网　址	活动类型
GfE-MIR GmbH	(Berlin Office) Friedrichstrasse 95, 10117 Berlin	德国	+49 30 2060 9175/76	Irina. Kirschke @ gfe-duesseldorf. de	http: //www. gfe-mir. de	贸易
Globe Metals & Mining Limited	P. O. Box 1811, West Perth, WA 6872; Level 1, Suite 2, 16 Ord Street, West Perth, WA 6005	澳大利亚	+61 8 9327 0700	info @ globemetalsand-mining. com. au	http: //www. globemet-alsandmining. com. au	有潜力的矿主
Heraeus Materials Technology GmbH & Co. KG (formerly W. C. Heraeus)	Postfach 1553, D-63405 Hanau	德国	+49 6181 351	wulf. kock @ heraeus. com	http: //www. heraeus. com/	钽铌加工
Hi-Temp Specialty Metals, Inc.	P. O. Box 2188, Willingboro, NJ 08-046	美国	+1 609 877 8200	joesmokov@ aol. com	http: //www. hi-temp-metals. com	废料回收

续表 11-2

公司名称	地　址	国家及地区	电　话	电子信箱	网　址	活动类型
Honeywell Specialty Chemicals Seelze GmbH	Wunstorfer Str. 40, 30926 Seelze	德国	+49 5137 999 812	mattis. gosmann@honeywell. com	http://www. honeywell. com	供应加工用化学品
Jiujiang Jinxin Non-ferrous Metals Co., Ltd.	Room 1101, Oriental Juno Tower, Changhong Road, 198#, Jiujiang City, JiangxiProvince	中国	+86 792 8533982	jiujiang_jx@yahoo. com janny@jiujiangjx. com	http://www. jiujiangjx. com	钽铌加工
Jiujiang Tanbre Co., Ltd.	P. O. Box 19, Jiujiang City, Jiangxi Province, 332014	中国	+86 792 873 6566	import@jjtanbre. com. cn		钽铌加工
Kazatomprom, NAC	D. Kunayev st. 10, 010000 Astana	哈萨克斯坦	+7 717 2551398	shkolnik_v@kazatomprom. kz	http://www. kazatomprom. kz/eng/	钽加工

续表 11-2

公司名称	地址	国家及地区	电话	电子信箱	网址	活动类型
Kemet Electronics Corp	P. O. Box 5928, Greenville SC 29606	美国		capmaster@ kemet. com	http: //www. kemet. com	电容器制造
King-Tan Tantalum Industry Ltd (formerly Gui-Family Tantalum-Niobium Ltd.)	Shishi, Yifeng, Jiangxi, 336307	中国	+86 795 294 6833	tanb@ king-tan. com	http: //www. king-tan. com	加工
Kuala Ketil Metal Sdn Bhd	168 Lorong Bunga Raya 3/1A, Taman Cemara, Sungai Petani, 0800 Kedah	马来西亚	+60 44 233 999	buanseng@ gmail. com		贸易
Malaysia Smelting Corporation	27 Jalan Pantai, 12000 Butterworth	马来西亚	+60 43 333 500	msc@ msmelt. com	http: //www. msmelt. com	锡冶炼

续表 11-2

公司名称	地　址	国家及地区	电　话	电子信箱	网　址	活动类型
Metal Do Co. Ltd.	5-6 Kyomachi-bori, 3-Chome, Nishi-ku, Osaka, 550-0003	日本	+81 6 6448 5151	metaldo@ raremetal. co. jp		贸易
Metalink International Co., Ltd.	4th floor, Silk Mansion, 472 East Zhong Shan Road, Nanjing, 210002	中国	+86 25 84799888	metalink @ metalink. com. cn	http: //www. metalink. com. cn	贸易、废料回收
Metalysis Ltd.	Unit 2, Farfield Park, Manvers Way, Wath Upon Dearne, Rotherham S63 5DB	英格兰	+44 1709 872111	ian. margerison@ metalysis. com	http: //www. metalysis. com	加工
Metherma KG	Arnheimerstrasse 109, 40489 Düsseldorf	德国	+49 211 4080840	molybdenum @ metherma. de		贸易

续表 11-2

公司名称	地　址	国家及地区	电　话	电子信箱	网　址	活动类型
Mineração Catalão de Goiás Ltda (formerly Anglo American Brasil Ltda)	Av. Paulista, 2300-10th., Sao Paulo-SP, CEP 01-310-300	巴西	+55 11 3226 8333	sergio. castanho @ angloamerican. com. br	http://www. angloamerican. com. br	铌矿开采加工
Mineração Taboca S. A.	Est. Dos Romeiros km49, Pirapora do Bom Jesus, Sao Paulo(SP)	巴西	+55 11 4131 9201	lpagnoncelli@ mtaboca. com. br	http://www. paranapanema. com. br/	采矿
Mitsui Mining & Smelting Co., Ltd.	Gate City Ohsaki West Tower, 19th Fl., 1-11-1 Osaki, Shinagawa-Ku, Tokyo, 141-8584	日本	+81 3 5437 8094	t-iwai@ mitsui-kinzoku. co. jp	http://www. mitsui-kinzoku. co. jp/en/	钽铌加工
Molycorp Silmet	Keskstr 2, 40231 Sillamäe	爱沙尼亚	+372 3929100	commerce@ silmet. ee	http://www. silmet. ee	铌加工

续表 11-2

公司名称	地　址	国家及地区	电　话	电子信箱	网　址	活动类型
Morimura Bros., Inc.	Morimura Bldg., 3-1 Toranomon 1-chome, Minato-ku, Tokyo 105-8451	日本	+81 3 3502 2410	twatanabe@morimura.co.jp	http://www.morimura.co.jp	贸易
MTU Aero Engines GmbH	Dachauerstrasse 665, 80995 München	德国	+49 89 1489 6966	robert.winter@mtu.de	http://www.mtu.de/en/	使用合金
NEC Tokin	560 Nyuzen, Nyuzen-machi, Shimoniikawa-gun, Toyama 939-0626	日本	+81 765 72 5941	t-kono@wm.jp.nec.com	http://www.nec-tokin.com	电容器制造
New Material Corporation (formerly Mac Corporation)	3F, No 3 Yoshida Bldg, 3-13-4, Akasaka, Minato-ku, Tokyo 107-0052	日本	+81 3 6685 7798	k.tonami@newmaterial.jp	http://www.newmaterial.jp	贸易

续表 11-2

公司名称	地　址	国家及地区	电　话	电子信箱	网　址	活动类型
Nichicon Corp.	KarasumadoriOike-agaru, Nakagyo-ku, Kyoto 604-0845	日本	+81 75 231 8461	chijiki@ nichicon. co. jp	http: //www. nichicon. co. jp	电容器制造
Ningxia OrientGroup, CNMC (中色(宁夏)东方集团公司)	P. O. Box105, ShizuishanCity, Ningxia, 753000	中国	+86 952 201 2012	guoh_nniec@ otic. com. cn	http: //www. nniec. com	钽铌加工
Niotan, Inc.	16 Bruce Way, Mound House, NV 89706	美国	+1 775 246 4480	crawley@ niotan. com		加工
Pacific Ores Metals and Chemicals Ltd.	1006 Shing Chuen Industrial Building, 25 Shing Wan Road, Shatin, Hong Kong	中国	+852 31760583	acrawley @ pacificomc. com	http: //www. pacificomc. com	贸易

续表 11-2

公司名称	地　址	国家及地区	电　话	电子信箱	网　址	活动类型
Plansee SE	A-6600 Reutte	奥地利	+43 5672 600 2219	eduard. kotz@ plansee. com	http://www. plansee. com	加工
Plazaminerals	Cours de Rive 10, 1204 Geneva	瑞士	+41 22 732 3666	plazatour@ plazagroup. ch		贸易
Refractory Metals Mining Co., Ltd.	1008A Shing Chuen Industrial Building, 25 Shing Wan Road, Tai Wai, Shatin, Hong Kong	中国	+852 2601 0129	info@ rmmc. com. hk		采矿
Rexwell Mining Company Limited	6th Floor, IPS Building Samora Av./ Azikiwe Str., P. O. Box 79872, Dar-Es-Salaam	坦桑尼亚	+255 22 2124987; +7 9859696979	rte09@ mail. rurexwelltz @ gmail. com		采矿

续表 11-2

公司名称	地址	国家及地区	电话	电子信箱	网址	活动类型
Rittenhouse International Resources LLC	P. O. Box 547, Litchfield, CT 06-759,	美国	+1 860 283 5700	dhenderson@ rittenhouseir. com		贸易
S. A. Minerals Ltd Partnership	33PB, Rattanakosin View Mansion, Bangyikan, Bangplad, Bangkok 10700	泰国	+66 2 883 4207	yssyvr@ hotmail. com		钽矿开采、贸易
Sanyo Electric Co. , Ltd.	25 Kowata-nishinaka, Uji City, Kyoto 611-8585	日本	+81 774 31 5818	nishimoto. hiroya @ jp. panasonic. com	http: //www. panasonic. net/sanyo/	电子
Shamika Resources Inc.	1980 Sherbrooke W. #1100, Montreal, Quebec H3H 1E8	加拿大	+1 514 931 9990	vivian@ shamika. ca	http: //www. shamikaresources. com	刚果有潜力的矿主

续表 11-2

公司名称	地　址	国家及地区	电　话	电子信箱	网　址	活动类型
Solikamsk Magnesium Works	St Pravda 9, 618500 Solikamsk, Permskay Region	俄罗斯	+7 34253 52448	sales@ smw. ru	http: //www. smw. ru	钽铌加工
Sovereign International Metals & Alloys, Inc.	2550 Middle Rd., Suite 503, Bettendorf, Iowa 52722	美国	+1 563 355 2722	alloys@ simametals. net	http: //www. simametals. net	贸易
Specialty Metals Trading SA	Rue Tenbosch 42A, 1050 Bruxelles	比利时	+32 2 626 17 00	philippe. lavagna@ smtrading. be		贸易
Standard Resources Corporation	1155 Marlkress Road, CherryHill, New Jersey 08003	美国	+1 856 489 5678	alberthayoun @ standardresources. us		贸易

续表 11-2

公司名称	地 址	国家及地区	电 话	电子信箱	网 址	活动类型
Stapleford Trading Limited	Wayside, Stapleford Road, Stapleford Abbotts, Romford, Essex RM14 1EJ	英格兰	+44 1708 688 266	jim@ staplefordtrading. co. uk	http: //www. staplefordtrading. co. uk	贸易
Starck Ltd, H. C.	Hamamatsucho Square 9F, 1-30-5Hamamatsucho, Minato-ku, Tokyo 105-0013	日本	+81 3 5776 5054	yasukazu. muto @ hc-starck. com	http: //www. hcstarck. com	钽加工
Taike Technology (Suzhou) Co. , Ltd.	No. 20ChengyangRoad, Suzhou Xiangcheng Economic Development Area, Suzhou, Jiangsu, 215131	中国	+86 512 6576 0786	annali@ taike-sz. com	http: //www. taike-sz. com	钽加工
Tantaline	Nordborgvej81, L3-V108, DK-6430 Nordborg	丹麦	+45 70 200 679	info@ tantaline. com	http: //www. tantaline. com	加工

续表 11-2

公司名称	地 址	国家及地区	电 话	电子信箱	网 址	活动类型
Tantalite Resources	POBox 436, Witkoppen 2068, Gauteng	南非	+27 11 513 0111	ulster1@gmail.com		采矿、加工
Thailand Smelting & Refining Co., Ltd.	80 Moo 8 Sakdidej Road, 83000 Phuket	泰国	+66 76 391 118	tsr@thaisarco.com	http://www.amcgroup.com/subsidiaries	锡冶炼
Tinco Investments Ltd. (formerly Abinger Trading Ltd.)	1st floor, 26 Mount Row, London W1K 3SQ	英格兰	+44 207 370 9150	brian@tincogroup.com	http://www.tincogroup.com	贸易
Tosoh SMD, Inc.	3600GantzRoad, Grove City, Ohio 43123	美国	+1 614 875 7912	david.smathers@tosoh.com	http://www.tosoh.com	加工
Trademet SA	P. O. Box 7B, 2 Place G. Baugniet, 1390 Grez-Doiceau	比利时	+32 10 84 18 37	freddy.muylaert@trademet.be		贸易

续表 11-2

公司名称	地　址	国家及地区	电　话	电子信箱	网　址	活动类型
Traxys	Route d' Arlon 19-21, 8009 Strassen	卢森堡	+352 459 999 321	frederic. delforge@ traxys. com	http: //www. traxys. com	贸易
Treibacher Industrie AG	Division Powdermet, Auer von Welsbachstr. 1, 93-30Treibach-Althofen	奥地利	+43 4262 505569	peter. hinterhofer@ treibacher. com	http: //www. treibacher. com	生产碳化钽
TVEL Corporation	49 Kashirskoe shosse, Moscow, 115409	俄罗斯	+7 495 988 82 82(6306)	root@ tvel. ru	http: //www. tvel. ru/	加工
Vishay	PO Box 87, Dimona 86100	以色列	+972 8 656 1201	Yehuda. Hogeg@ Vishay. com	http: //www. vishay. com	电容器制造
Wah Chang	P. O. Box 460, Albany, Oregon 97-321	美国	+1 541 967 6910	tony. nelson @ atimetals. com	http: //www. wahchang. com/	铌加工

续表 11-2

公司名称	地 址	国家及地区	电 话	电子信箱	网 址	活动类型
White Solder Ltda	Rua Peru 1752, Vila Mariana, Ribeirão Preto, SP	巴西	+55 16 3512 5800	comex. tst @ whitesolder. com. br	http://www. whitesolder. com. br	铌矿开采
Yichun Jin Yang Rare Metals Co. , Ltd.	Qingshuiqiao Lianggang Industrial Park, Yifeng Town, Yichun City, Jiangxi Province, 336300	中国	+86 795 2990070	ycjinyang @ hotmail. com	http://www. ycjinyang. com	加工
Zhuzhou Cemented Carbide Works	DiamondRoad, Zhuzhou, Hunan, China, 412000	中国	+86 731 2826 3294	zccc @ chinacarbide. com	http://www. chinacarbide. com	碳化钽
Zimmer-Trabecular Metal Technology	10 Pomeroy Road, Parsippany, New Jersey 07054	美国	+1 201 818 1800 ext 123	joe. vargas @ zimmer. com	http://www. zimmer. com	在外科设备中用钽和铌

2009 年 EICC 开展对锡、钽和钴的供应链可追溯性项目研究，包括对采购和使用非洲“冲突地区”钽原料的追溯核查，倡导采购和使用来自非洲“非冲突地区”的钽原料。

第二节　“冲突钽原料”

2010 年 7 月美国正式出台了《多德-弗兰克金融改革法案》，其中第 1502 章对“冲突原料”（conflict minerals）进行了详细叙述、界定，许多国际非政府组织如经济合作与发展组织（OECD）、全球电子可持续发展推进协会（GeSI）、电子行业公民联盟（EICC）都提出禁止“冲突原料”进入电子行业供应链的要求，GeSI、EICC 又提出建立非冲突冶炼厂计划（Conflict-Free Smelter（CFS）Program）。

在非洲中部储藏着工业领域称为铌-钽矿的钶钽铁矿石，据 2003 年 10 月 23 日的联合国报告，走私出口的钽铁矿石为刚果的内战提供了资金支持，这就是钽被视为同刚果发生内战有瓜葛的原因。卢旺达和乌干达的叛军从刚果掠夺、走私了数千吨铌钽铁矿，通过其所在国出口到国际市场，然后把赚来的钱用于扶持民兵队伍。在乌干达，1997 年铌钽铁矿年出口量仅为 2.5t；到 1999 年，出口量剧增到近 70t。

据联合国调查，有 20 多家国际矿产贸易公司通过卢旺达进口刚果的铌钽铁矿。从卢旺达、乌干达、布隆迪等国家进口的矿石被贩运到亚洲、欧洲和美国。比利时航空公司定期把矿石从刚果、乌干达和卢旺达运出来，而美洲航空公司（比利时航空公司的合伙企业）把这些矿石运往全美各地。冶炼公司用这些矿石加工制成金属钽粉，再把钽粉销售给电容器制造商（如 AVX、Epcos、日立、NEC），然后由电容器制造商制成钽电容器卖给高科技企业，如图 11-1 所示。阿尔卡特、戴尔、爱立信、惠普、IBM、朗讯、摩托罗拉、诺基亚等国际著名高科技企业是钽电容器的最大买家。

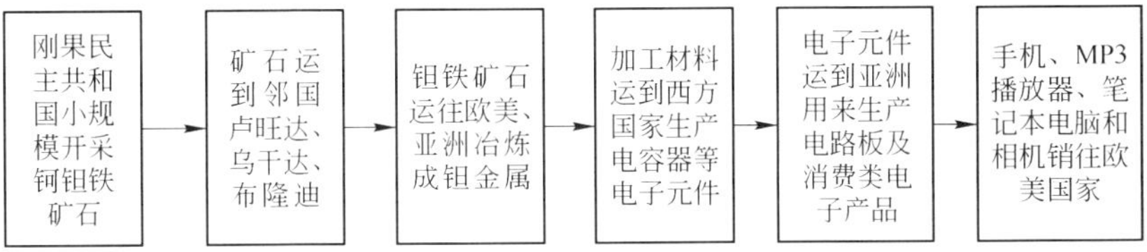

图 11-1 冲突地区钽矿石供应链图解

为了解决刚果“非冲突钽矿”出口问题，美国 AVX 公司提出“希望工程解决方案”（Solutions for Hope Project），随后诺基亚携手摩托罗拉、英特尔、惠普和富士康一起加入 AVX 提出的“希望工程”活动。这些公司希望通过实施“希望工程解决方案”，获得民主刚果检验放行的非冲突钽资源。通过与已取得认证的其他供应商建立“紧密的合作通道”，有效地保证钽供应畅通，由一条通过独立审核的运输线将钽资源发运给 AVX 指定的已通过认证的非冲突冶炼厂及客户。

第五章　刊物——《钽铌工业进展》

《钽铌工业进展》是中国国内唯一的钽铌专业技术刊物，创刊于1986年，为行业内部刊物，由原国家经贸委副主任邱纯浦题写刊名，现由中色（宁夏）东方集团有限公司和稀有金属冶金学会钽铌冶金专业委员会主办，编辑部设在中色（宁夏）东方集团有限公司，李彬任主任。

刊物以钽铌金属的采选、冶炼、加工等工艺技术为主体。重点栏目有综合评述、研究与应用、分析检测、专利技术、译文选编、行业信息动态等。

参 考 文 献

[1] 中国材料工程大典编委会．中国材料工程大典（第5卷）：有色金属材料工程(下)[M]．北京：化学工业出版社，2006：183～284.

[2] 王肇信，幸良佐，曾芳屏．钽铌冶金学[M]．稀有金属冶金学会钽铌冶金专业委员会，1998：182～299.

[3] 郭青蔚，等．现代铌钽冶金[M]．北京：冶金工业出版社，2009：6，7.

[4] 何季麟．新中国60年钽铌工业的发展[M]//中国有色金属工业协会．新中国有色金属工业60年．长沙：中南大学出版社，2009：1～472.

[5] 何季麟，张宗国．中国钽铌工业的现状与发展[J]．中国金属通报，2006，4：2～8.

[6] 郭青蔚．铌在钢铁工业中的应用[J]．稀有金属快报，2005，24(3)：31～33.

[7] 任俊，卢寿慈．世界铌资源概况及其特征[J]．有色矿冶，1997，5：1～3.

[8] 郑欣，等．航天航空用难熔金属材料的研究进展[J]．稀有金属材料与工程，2011，40(10)：1871～1875.

[9] 中信微合金化技术中心．铌·科学与技术[M]．北京：冶金工业出版社，2003：142～156.

[10] 韩建设，等．钽铌湿法冶炼的“三废”综合治理工艺探讨[J]．稀有金属与硬质合金，2005，33(4)：55～59.

[11] 张浩．钽铌冶炼“三废”治理措施的探讨[J]．江西有色金属，2003，23(1)：30～34.

[12] 周宏明，郑诗礼，张懿．钽铌湿法冶金技术概况及发展趋势探讨[J]．现代化工，2005，25(4)：16～19.

[13] 王伟，李辉，郑培生．低品位钽铌原料的湿法冶金新工艺研究[J]．稀有金属快报，2008，27(4)：31～36.

[14] 赵团．包头矿铌资源综合利用[R]．2004：1～53.

[15] 东方钽业社会责任报告[R]．2011～2012.

[16] 邵厥年，陶维屏．矿产资源工业要求手册[M]．北京：地质出版社，2010：99～112.

[17] 周少珍，孙传尧．钽铌矿选矿的研究进展[J]．矿冶，2002(11 增刊)：175～178.

[18] WEBER L, et al. Mineral Production, World Ming Data[R]. Vienna, 2011, 26: 159～207.

[19] BETHEL E, KU A. Niobium: A Bridge Between China and Brazil[R]. SinoLatin Capital, 2010: 4～6.

[20] British Geological Survey. Niobium-tantalum[R]. 2011: 1～27.

[21] Tantalum: Mining Journal[J]. 2010, 9: 2～5.

[22] Tantalum and Niobium primer[R]. JACOB Securities Inc., 2011: 1～25.

[23] Niobium 101[R]. IAMGOLD, 2012－12: 1～8.

[24] The New Niobec Niobium Mine[R]. IAMGOLD, 2012-03-07.

[25] U. S. Geological Survey. Tantalum [R]. Mineral Commodity Summaries 2015: 160, 161.

[26] SOTO-VIRUET Y, MENZIE W D, PAPP J F, et al. An Exploration in Mineral Supply Chain Mapping Using Tantalum as an Example [R], USGS, 2013: 39～41.

[27] STRATTON P. Outlook for the global tantalum market[R]. Roskill, 2nd International Tin & Tantalum Seminar, New York, 2013.

[28] Tantalum[M]//Japan Minerial Resource Yearbook 2012. 2012: 104～109.

[29] 2011 Fact Book Other mining and industrial[R]. Anglo American plc.

[30] OLIVEIRA M, et al. 30 Years of Niobium Steel Development in China[C]//中国含铌钢技术发展 30 周年国际研讨会论文集（北京），2009, 12: 119～144.

[31] GRAHAM R A, et al. Niobium and Niobium Alloys in Corrosive Applications [R]. 2006: 1～19.

[32] T. I. C. Bulletin[J], 2013(156).

附 录

附录一　64种有色金属元素

64种有色金属包括：铝、镁、钾、钠、钙、锶、钡、铜、铅、锌、锡、钴、镍、锑、汞、镉、铋、金、银、铂、钌、铑、钯、锇、铱、铍、锂、铷、铯、钛、锆、铪、钒、铌、钽、钨、钼、镓、铟、铊、锗、铼、镧、铈、镨、钕、钐、铕、钆、铽、镝、钬、铒、铥、镱、镥、钇、钪、硅、硼、硒、碲、砷、钍。

有色金属又分为轻金属、重金属、稀有金属、贵金属和其他有色金属。

（1）轻金属：7种，铝、镁、钾、钠、钙、锶、钡（其中钾、钠、钙、锶、钡5种一般为化工系统的产品）。

（2）重金属：10种，铜、铅、锌、镍、钴、锡、锑、铋、镉、汞。

（3）稀有金属：35种，又细分为四类：

1）稀有轻金属4种（在稀有金属中密度最小）：锂、铍、铷、铯。

2）稀有难熔金属8种（在金属中熔点较高）：钨、钼、钽、铌、钛、锆、铪、钒。

3）稀散金属 7 种（矿体生成极为分散、且多为与其他矿物共生、非经准确的全分析不易发现）：镓、铟、铊、锗、硒、碲、铼（有的分法，将铼分为难熔金属）。

4）稀土金属 16 种（其氧化物似土，故名）：镧、铈、镨、钕、钐、铕、钆、铽、镝、钬、铒、铥、镱、镥、钇、钪。

（4）贵金属：8 种，金、银、钌、铑、钯、锇、铱、铂。

（5）其他有色金属：4 种，硅、砷、硼、钍。

附录二 元素周期表

周期	ⅠA	ⅡA	ⅢB	ⅣB	ⅤB	ⅥB	ⅦB	Ⅷ			ⅠB	ⅡB	ⅢA	ⅣA	ⅤA	ⅥA	ⅦA	
1	1 H 氢 1.0079																	2 He 氦 4.0026
2	3 Li 锂 6.941	4 Be 铍 9.0122											5 B 硼 10.811	6 C 碳 12.011	7 N 氮 14.007	8 O 氧 15.999	9 F 氟 18.998	10 Ne 氖 20.17
3	11 Na 钠 22.9898	12 Mg 镁 24.305											13 Al 铝 26.982	14 Si 硅 28.085	15 P 磷 30.974	16 S 硫 32.06	17 Cl 氯 35.453	18 Ar 氩 39.94
4	19 K 钾 39.098	20 Ca 钙 40.08	21Sc 钪 44.956	22 Ti 钛 47.9	23 V 钒 50.9415	24 Cr 铬 51.996	25Mn 锰 54.938	26 Fe 铁 55.84	27 Co 钴 58.9332	28 Ni 镍 58.69	29 Cu 铜 63.54	30 Zn 锌 65.38	31 Ga 镓 69.72	32Ge 锗 72.59	33As 砷 74.9216	34 Se 硒 78.9	35 Br 溴 79.904	36 Kr 氪 83.8
5	37Rb 铷 85.467	38 Sr 锶 87.62	39 Y 钇 88.906	40 Zr 锆 91.22	41Nb 铌 92.9064	42Mo 钼 95.94	43 Tc 锝 97.99	44Ru 钌 101.07	45 Rh 铑 102.906	46 Pd 钯 106.42	47Ag 银 107.868	48Cd 镉 112.41	49 In 铟 114.82	50 Sn 锡 118.7	51Sb 锑 121.7	52 Te 碲 127.6	53 I 碘 126.905	54 Xe 氙 131.3
6	55Cs 铯 132.905	56 Ba 钡 137.33	57−71 La-Lu 镧系	72Hf 铪 178.49	73 Ta 钽 180.947	74 W 钨 183.8	75 Re 铼 186.207	76 Os 锇 190.2	77 Ir 铱 192.2	78 Pt 铂 195.08	79Au 金 196.967	80Hg 汞 200.5	81 Tl 铊 204.3	82Pb 铅 207.2	83Bi 铋 208.98	84Po 钋 (209)	85 At 砹 (210)	86 Rn 氡 (222)
7	87 Fr 钫 (223)	88 Ra 镭 (226.03)	89−103 Ac-Lr 锕系	104Rf 𬬻 (261)	105Db 𬭊 (262)	106Sg 𬭳 (263)	107Bh 𬭛 (264)	108Hs 𬭶 (265)	109Mt 鿏 (268)	110Ds 𫟼 (269)	111 Rg 𬬭 (272)	112Cn 鿔 (277)						

镧系	57 La 镧 138.905	58Ce 铈 140.12	59 Pr 镨 140.91	60Nd 钕 144.2	61Pm 钷 (147)	62Sm 钐 150.4	63Eu 铕 151.96	64Gd 钆 157.25	65Tb 铽 158.93	66Dy 镝 162.5	67Ho 钬 164.93	68Er 铒 167.2	69Tm 铥 168.934	70Yb 镱 173.0	71Lu 镥 174.96
锕系	89Ac 锕 (227)	90Th 钍 232.0381	91Pa 镤 231.03588	92 U 铀 238.02891	93Np 镎 (237)	94 Pu 钚 (239.244)	95Am 镅 (243)	96Cm 锔 (247)	97 Bk 锫 (247)	98Cf 锎 (251)	99 Es 锿 (252)	100Fm 镄 (257)	101Md 钔 (258)	102No 锘 (259)	103Lr 铹 (260)